Mosaik
bei GOLDMANN

Buch

Gehirn-Jogging ist ein 5-Phasen-Training für besseres Lernen, gesteigertes Erinnerungsvermögen und geistige Beweglichkeit. Die Übungen beruhen auf der wissenschaftlich erprobten Fischer-Lehrl-Methode. Frank Berchem entwickelte das Training weiter zu einer ganzheitlichen Methode, die Körper, Geist und Seele verbindet. Die körperliche Seite – Übungen zu Atmung, Rhythmus und Bewegung – fördert die geistigen Möglichkeiten und schafft die besten Bedingungen für das Denken, Lernen und Behalten.

Autor

Frank Berchem beschäftigt sich bereits seit Jahren mit dem Thema Gehirn-Jogging.

FRANK
BERCHEM

Super-Gehirn-Jogging

Für Fortgeschrittene

Gedächtnistraining
nach der Fischer-Lehrl-Methode

Mosaik
bei GOLDMANN

Herausgeber: Prof. Dr. med. Bernd Fischer
Dr. Siegfried Lehrl
Konzeption: Frank Berchem
Koautorin: Claudia Nohe
Gestaltung: Barbara Scholz

Umwelthinweis:
Alle bedruckten Materialien dieses Taschenbuches
sind chlorfrei und umweltschonend.

Vollständige Taschenbuchausgabe August 1998
.Wilhelm Goldmann Verlag, München

in der Verlagsgruppe Bertelsmann GmbH
Originalverlag: Spectra Verlag, Dorsten
Umschlaggestaltung: Design Team München
unter Verwendung folgender Fotos:
Umschlag: Gruner + Jahr Fotoservice, photocina, Hiroya Kaji
Umschlaginnenseiten: Gruner + Jahr Fotoservice, photocina, Hiroya Kaji
Druck: Elsnerdruck, Berlin
Verlagsnummer: 16130
Kö · Herstellung: Sebastian Strohmaier
Made in Germany
ISBN 3-442-16130-4

3 5 7 9 10 8 6 4 2

* eine wissenschaftliche Methode

Leben ist Lernen

Gehirn-Jogging ist ein 5-Phasen-Training für das Denken, Lernen und Behalten, für körperliche, geistige und mentale Frische und Beweglichkeit.
Gehirn-Jogging ist eine Trainingsmethode, die wissenschaftlich entwickelt und erprobt wurde. Sie wird von Tausenden von Menschen mit Erfolg angewendet. Sie führt zu Entspannung, körperlicher Fitneß, zu einem besseren Gedächnis und zu mehr Können und Wissen, bringt Freizeitspaß und Kreativität, Wohlbefinden und Lebensfreude.
Gehirn-Jogging wurde in Deutschland von den Professoren Dr. Fischer (Chefarzt der Memory-Klinik) und Dr. Lehrl (Universität Erlangen) herausgebracht.
Die Weiterentwicklung zum 5-Phasen-Programm stammt von Frank Berchem. Durch die 5-Phasen wurde Gehirn-Jogging zur ganzheitlichen Methode, das heißt, sie verbindet Körper, Geist und Seele. Die rein körperliche Seite - Atmung, Rhythmus und Bewegung, Anspannung und Entspannung - fördert die geistigen Möglichkeiten und schafft die bestmöglichen Bedingungen für das Denken, Lernen und Behalten. Mit dieser Methode kann Wissenswertes leichter aufgenommen und besser behalten werden.
Das Kopfkino sorgt für seelische Ausgeglichenheit und Wohlbefinden, für das Gleichgewicht von Gefühl und Geist.
Gehirn-Jogging ist für alle Altersgruppen wichtig, für ältere Menschen, für Schüler, für Berufstätige, Hausfrauen und Hausmänner.
Gehirn-Jogging könnte besonders da eingesetzt werden, wo Menschen lange an Computern arbeiten. 55 Minuten Computerarbeit werden dann belohnt mit 5 Minuten Gehirn-Jogging.
Spielende Mitarbeiter werden entspannt, erleben Gags und bekommen Denk- und Knobelaufgaben sowie Bewegungsübungen.

DIE ENERGIESPIRALE BRINGT SIE IN SCHWUNG

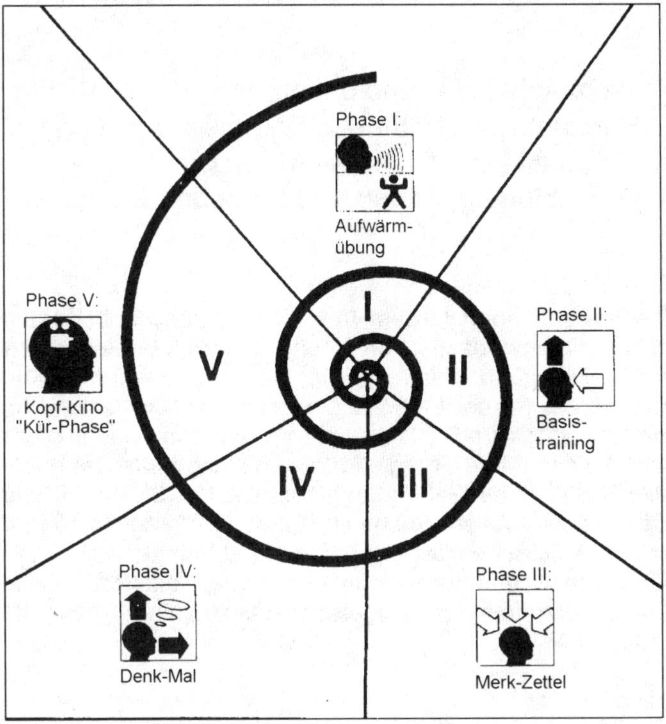

Liebe Gehirn-JoggerInnen!
Bitte nehmen Sie sich ein wenig Zeit und studieren Sie die folgende Einführung in das 5-Phasen-Programm des Gehirn-Joggings.
Viel Erfolg und Freude!

Ihr Franke Berchem

Phase I: AUFWÄRMÜBUNG für optimale Lernbereitschaft

- Atemtechnik für Entspannung
- Konzentration und neue Energiegewinnung
- Gymnastische Übungen für mehr Durchblutung, Fitneß und Entspannung

Die Atemübungen fördern Ihre Entspannung und Konzentration. Die gymnastischen Übungen bewirken eine körperliche Aktivierung, durch die der Kreislauf besser in Gang kommt, der Körper und das Gehirn besser durchblutet und mit Sauerstoff und Zucker versorgt werden. Damit gewinnen Sie die nötige Energie für die Leistung Ihres Gehirns.
Die Phase I des Gehirn-Joggings versetzt Sie so in einen Zustand der "vollen Wachheit". Er ist die Voraussetzung für größtmögliche Lernbereitschaft und Lernfähigkeit.
Atemtechnik und körperliche Aktivierung schaffen optimale Voraussetzungen für das geistige Basistraining (Phase II).

Phase II:
BASISTRAINING
für das Meistern von Informationen

Informationen
- besser aufnehmen
- besser verarbeiten und anwenden
- speichern

Mit dem Basistraining trainieren Sie zwei der wesentlichsten Leistungen des Gehirns:

1. die Informationsaufnahme, damit Sie mehr Informationen in kurzer Zeit aufnehmen können und
2. das Behalten der Informationen im Kurzspeicher, damit Sie sie besser und schneller anwenden können.

Auch durch diese geistige Aktivität wird Ihr Gehirn stärker durchblutet. Sie bringen Ihre "grauen Zellen" in Schwung und können so dafür sorgen, daß Ihr Gehirn immer jung bleibt. Es ist nämlich nicht wahr, daß sich die Gehirnzellen im Alter verringern. Wenn man sie trainiert, bleiben und werden sie wieder voll leistungsfähig. Das haben Prof. Dr. med. Fischer und Dr. Lehrl und viele andere wissenschaftlich nachgewiesen.

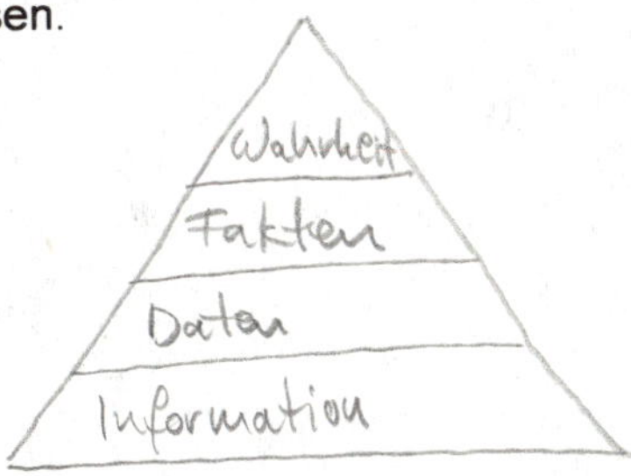

Phase III:
MERK-ZETTEL
für ein besseres Gedächnis

- mehr Können und Wissen
- Einprägen von Wissenswertem,
  z.B. über Umwelt und Technik oder
- Informationsverarbeitung
- Auffrischen der Allgemeinbildung

Mit der Phase III, dem "Merk-Zettel", trainieren Sie die Speicherung von Informationen im Langzeitgedächnis.
Das bedeutet, Sie üben, sich etwas über einen längeren Zeitraum einzuprägen und sich daran zu erinnern.
Im "Merk-Zettel" bieten wir Ihnen hierfür "Wissenswertes" über Umwelt und Technik und vieles andere.
Das macht geistig beweglicher und läßt Sie aktiv am Leben teilhaben.

Phase IV:
DENK-MAL
für Kreativität und Denkvermögen

- Geist und Gedächtnis
- mit Freude trainieren
- Freizeitspaß
- Tips, Kniffe und Strategien

Die Phase IV des Gehirn-Joggings bietet Ihnen Knobeleien, Rätsel, Tricks und Kniffe, mit denen es Ihnen sicher ganz besonderen Spaß machen wird, Ihr Gehirn fitzuhalten.

Sie erwerben Strategien, mit denen es Ihnen leichter fällt
1. Informationen zu verarbeiten,
2. Ihr bereits vorhandenes Wissen zu erinnern,
3. Probleme zu lösen.
Ein besonderes Angebot des Denk-Mals ist der "Tip des Tages". Er enthält eine zusätzliche Idee, mit der Sie sich über das Tagesprogramm hinaus beschäftigen können.
Mit dem "Denk-Netz" können Sie sich leichter erinnern.

Kür-Phase V: KOPF-KINO für positive Lebensgestaltung

- Vorstellungskräfte entwickeln und Bilder vergegenwärtigen:
- für seelische Ausgeglichenheit
- für Gesundheit und Heilung
- für das Lösen von Alltagsproblemen

Kopf-Kino ist die "Kür-Phase" des Gehirn-Joggings. Sie erfahren,wie Sie Kräfte, die in Ihnen selber ruhen, für eine positive Lebensgestaltung wecken und nutzen können. Beim Kopf-Kino erzeugen Sie vor Ihrem geistigen Auge Filme. Mit Hilfe der dabei von Ihnen entwickelten Vorstellungskräfte und positivem Denken können Sie zur Aktivierung von Selbstheilungskräften, zur Stärkung des Selbstwertgefühls und Selbstvertrauens gelangen und Lösungen für Schwierigkeiten und Probleme finden.
Es ist sinnvoll, die Phasen I bis IV des Gehirn-Joggings unmittelbar hintereinander durchzuführen. Die Phase V, das "Kopf-Kino", sollten Sie unabhängig von den ersten vier Phasen durchführen, immer dann, wenn Sie Ruhe und Lust dazu haben.

Phase I: Aufwärmübung

Sie sollten Ihr Gehirn-Jogging immer mit der Aufwärmübung beginnen. Wenn Sie sich durch die Atemübung entspannt und konzentriert haben und Körper und Gehirn durch Gymnastik und die isometrischen Übungen besser durchblutet werden, haben Sie sich bestmöglich für das folgende Basistraining vorbereitet. Dann haben Sie die optimale Lernbereitschaft und Lernfähigkeit erreicht.

An jedem Tag werden wir Sie immer wieder auffordern, an die so wichtige **Atemtechnik** zu denken. Die Atemübung dient auch der Entspannungsphase beim Kopf-Kino. Im übrigen hilft sie immer dann, wenn Sie sehr aufgeregt sind oder sich zerschlagen fühlen. Das richtige Atmen bringt Ihren Körper und Geist in Einklang.

Alle **gymnastischen Übungen** dienen dem Dehnen, Strekken und Lockern. Sie sollten alle Übungen ruhig und mit gleichmäßigem Kraftaufwand durchführen. Vermeiden Sie abrupte, harte Bewegungen.

Isometrische Übungen dienen der Durchblutung und Kräftigung, vor allem aber der Anspannung und Entspannung.

Isometrisch nennt man Muskelanspannungsübungen, bei denen man kurzfristig mit aller verfügbaren Kraft gegen einen eingebildeten oder wirklichen Widerstand drückt oder daran zieht.

Führen Sie jede Übung 6 Sekunden lang aus, und lassen Sie danach sofort los und entspannen Sie Ihre Muskeln. Die Entspannung müssen Sie spüren und genießen.

Bitte machen Sie während der Übung keine Preßatmung, sondern atmen Sie ruhig und gleichmäßig weiter.

Bei den nächsten Phasen geht es mit dem Schreibstift weiter. Auf den folgenden Doppelseiten finden Sie dann die Fortsetzung der Aufgaben bzw. die Lösungen.

Wie Sie mit den 5 Phasen trainieren können

Phase II: Basistraining

Bei der Übung der **Informationsaufnahme** geht es um das schnelle Erfassen von Situationen. Deshalb kommt es auf das Tempo an. Dazu gibt es Aufgaben, bei denen Sie Buchstaben, Zahlen oder Zeichen suchen müssen, optischen Täuschungen widerstehen oder kreativ werden sollen. Sie fördern damit vor allem Ihre geistige Beweglichkeit, Schnelligkeit und Konzentration. Die **Informationsverarbeitung und -anwendung** wird verbessert durch Übungen wie Rückwärtslesen, Zahlenfolgen und Anagrammen. Hier wird vor allem kombinatorisches und logisches Denken gefördert.
Bei der dritten Aufgabenart werden die **Informationsaufnahme und -verarbeitung** gleichzeitig trainiert, z.B. bei "Buchstaben kreuz und quer" oder Wortsuchspielen. Buchstaben und Zahlen sollen erkannt und zu Wörtern bzw. Summen zusammengefaßt werden. Damit werden sowohl die geistige Schnelligkeit als auch das kombinatorische, logische Denken gefördert.
Das Speichern von Informationen sollten Sie mit folgenden Übungen trainieren: Zahlen- oder Buchstabenkombinationen einprägen, Namen, Begriffe und Telefonnummern u.v.a.m.
Dabei prägen Sie sich jeweils ein, was in der Aufgabe steht und blättern danach um. Auf der nächsten Doppelseite wird die Aufgabe fortgesetzt. Sie sollen dann aus dem Gedächtnis Fragen beantworten. Zur Kontrolle können Sie zurückblättern.

■

Bei den Phasen II und IV geht es hauptsächlich um das Denken, Lernen und Behalten.

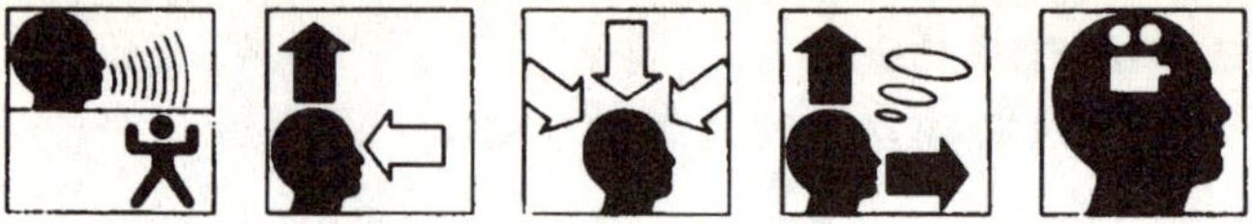

Phase III: Merk-Zettel

Durch systematisches Training kann jeder sein Gedächtnis verbessern. Das soll durch das **Wissenswerte** im Merk-Zettel erreicht werden
Anhand eines Textes können Sie Interessantes (oder besser gesagt "Wissenswertes") erfahren und gleichzeitig Ihr Gedächtnis üben. Am nächsten Tag stellen wir Ihnen einige Fragen zu dem Text. So trainieren Sie Ihr Langzeitgedächtnis.
Jedes Wochenprogramm hat ein bestimmtes Thema, also Wissenswertes über Umwelt, Technik oder Fragen des Alltags.

Wenn Sie Ihren **Tagesablauf** systematisch **planen**, schaffen Sie sich mehr Zeit, um Sinnvolles und Schönes zu tun. Außerdem entlasten Sie Ihr Gedächtnis von Kleinigkeiten.
Am folgenden Tag können Sie feststellen, ob Sie den Tagesplan eingehalten haben. Wenn Sie es einmal nicht geschafft haben, überlegen Sie, woran es gelegen haben könnte. Haben Sie sich zuviel vorgenommen oder waren die Ziele falsch oder zu hoch gesteckt? Planen Sie auch Dinge in Ihren Tagesablauf ein, die Ihnen Spaß machen und Dinge, die Sie fordern.

Wie Sie mit den 5 Phasen trainieren können

Phase IV: Denk-Mal

Denk mal wieder! Dabei gilt es, Aufgaben und Probleme phantasievoll zu lösen und Ihre Freizeit zu gestalten.

Die **Knobeleien** sind absichtlich etwas schwieriger. Hier geht es nicht um Schnelligkeit. Wichtig ist es, überhaupt eine Lösung zu finden. Dabei müssen sich Ihre "grauen Zellen" schon ziemlich anstrengen. Oft ist die Lösung nur zu finden, wenn Sie etwas Phantasie anwenden und auch mal etwas ausprobieren.

Bei den **Lernstrategien** bekommen Sie Tips und Kniffe, also Werkzeuge, wie Sie noch leichter und effektiver lernen und behalten können. Einige Beispiele:

- Bilder prägen sich durch "in Worte fassen" besser ein;
- sinnlose Buchstabenkombinationen können Sie durch "Sinngebung" leichter behalten;
- Zahlen lassen sich durch Rhythmisierung leichter behalten;
- neue Informationen prägen sich durch Verknüpfungen mit Ihren bisherigen Erfahrungen besser ein.

Geistige Fitneß zu trainieren soll Spaß machen und Lebensfreude wecken. Deshalb machen wir Ihnen im **Tip des Tages** Vorschläge, die Sie für ein aktives Leben übernehmen können, z.B. Gäste einladen, Ausflüge machen, ein Museum besuchen und vieles andere mehr.

Auf der nächsten Doppelseite von **Denk-Mal** finden Sie das **Denk-Netz.** Es ist eine brillante Möglichkeit, Informationen im Gedächnis zu speichern und sich zu erinnern.

Ein Stichwort, z.B. das Thema eines Textes, kommt in die Mitte der Seite. Von hier aus zweigen Sie sternförmig Striche ab und schreiben passende, wichtige Begriffe daran. Allmählich entstehen netzartige Verknüpfungen. Das Denk-Netz hilft Ihnen, sich leichter zu erinnern und besser zu behalten.

Sie haben jeden Tag auf der Rückseite des **Denk-Mals** die Möglichkeit, über das "Wissenswerte" der Phase II solch ein Denk-Netz anzufertigen. Versuchen Sie dabei, neue Informationen mit Ihren Erfahrungen zu verknüpfen.

Wie Sie mit den 5 Phasen trainieren können

Phase V: Kopf-Kino

Mit dem Kopf-Kino können Sie Ihr seelisches Gleichgewicht und Wohlbefinden erlangen. Sie eignen sich die Fähigkeit an, sich auf Ihre inneren und äußeren Lebensbedingungen einzustellen und sie in Harmonie zu bringen. Nutzen Sie die Fähigkeiten, die in Ihnen ruhen, damit Sie mit Ihren Problemen, Aggressionen, Krankheiten, Entbehrungen, mit Streß und Ärger besser umgehen können.

Das mentale Training des Kopf-Kinos hilft Ihnen, sich selbst zu akzeptieren, Vertrauen zu sich selbst und Ihrem Organismus zu entwickeln, und mit Willensstärke Ziele anzustreben und zu erreichen.

Das für Sie so bedeutende Kopf-Kino-Programm, ob für seelische Ausgeglichenheit, für Gesundheit und Heilung oder für das Lösen von Alltagsproblemen, müssen Sie sich natürlich für Ihre speziellen Bedürfnisse auswählen. Wir können Sie nur täglich ermuntern, daß Sie es wirklich durchführen.

Gedanken nehmen Gestalt an, werden zu Bildern und bewegen sich. Schauen Sie an einem trüben Tag aus dem Fenster, sagen Sie sich: "Jetzt ein Urlaub im Süden, wäre das schön!" In Ihrem Kopf haben Sie dabei aber nicht einfach die Wörter "Urlaub", "Süden", "schön", sondern bunte, greifbare Bilder: Strand, blaues Meer, Palmen, Sonne, Sie können die Meeresbrandung hören, den Wind und die Wärme der Sonnenstrahlen spüren.

Führen Sie im Laufe des Tages ihr Kopf-Kino-Programm durch, immer dann, wenn Sie Zeit und Lust dazu haben.

Ähnlich funktioniert **Kopf-Kino**. Das Neue und Wichtige hierbei ist aber, daß Sie Ihre Gedanken gezielt als Film ablaufen lassen.

Genauso wie Sie sich mit dem Urlaubsbild an einem trüben, grauen Novembermorgen in eine angenehme Stimmung versetzen, lassen sich viele Ihrer unangenehmen Gedanken und Alltagssorgen in ein angenehmes, positives Denken umwandeln, Sie werden erleben, wie Sie mit Hilfe Ihrer Vorstellungskräfte zu einer harmonischen Lebensgestaltung gelangen. Das können Sie jetzt selbst mit den folgenden Kopf-Kino-Übungen ausprobieren.

3 Kopf-Kino-Programme für verschiedene Anlässe:

1. Für seelische Ausgeglichenheit

Kopf-Kino beginnt immer mit der Entspannung. Es ist sehr wichtig, daß Sie sich so tief wie möglich entspannen, um so intensiver werden Sie Ihr Kopf-Kino erleben. Hilfreich ist hier z.B. die Atemtechnik, die Sie in Phase I des Gehirn-Joggings, der Aufwärmübung, anwenden werden.

Wenn Sie in einem entspannten Zustand sind, stellen Sie sich bitte eine Situation vor, in der Sie etwas Schönes erlebt haben. Oder denken Sie sich eine Situation aus, in der Sie gewöhnlich Schönes erleben und sich gut fühlen. Begeben Sie sich gedanklich dorthin, und erzeugen Sie vor Ihrem inneren Auge ein Bild dieser Situation.

Lassen Sie dieses Bild lange auf sich wirken. Sie bemerken wie dieses Bild langsam immer stärker und intensiver wird. Ihre Stimmung wird ähnlich der, die Sie immer in dieser Situation hatten oder haben. Ihre Stimmung wird immer besser. Sie werden ausgeglichen und gelassener. Lassen Sie das Bild eine Weile vor Ihrem inneren Auge ruhen.

Nach einigen Minuten, die genaue Dauer bestimmen Sie selbst, beginnen Sie, von Ihrem Kopf-Kino auf die jetzige Situation umzuschalten.

Spannen Sie einmal 5 Sekunden lang alle Ihre Muskeln an, lockern Sie sie wieder und kehren Sie dabei in die Wirklichkeit zurück. Ihre gute Stimmung, Ihre Ausgeglichenheit aus der Kopf-Kino-Zeit behalten Sie aber für den ganzen Tag.

2. Für Gesundheit und Genesung

Zuerst beginnen Sie auch hier mit einem Zustand der völligen Entspannung. Wenn Sie diesen Zustand z.B. mit Hilfe der Atemtechnik erreicht haben, beginnen Sie damit, vor Ihrem geistigen Auge ein "Heilungsbild" zu erzeugen.

Haben Sie eine Verletzung, z.B einen Knochenbruch oder frische Operationsnarben, dann stellen Sie sich vor, wie Ihre roten Blutkörperchen die verletzte Stelle umgeben, Sauerstoff zuführen und "beleben".Denken Sie sich auch einen vermehrten Zustrom von weißen Blutkörperchen. Diese vernichten das Krankhafte und transportieren es weg.

Stellen Sie sich vor wie ganz viele weiße Blutkörperchen zu der betroffenen Stelle hinströmen und ihre Arbeit verrichten. Halten Sie dieses Bild lange fest. Schicken Sie gedanklich immer mehr Energie an die krankhafte oder verletzte Stelle, sie wird ganz warm werden.

Behalten Sie das für Sie angenehme "heilende Bild" 5 bis 10 Minuten bei, und machen Sie es zum Mittelpunkt Ihres Denkens. Das beschleunigt den Heilungsprozeß erheblich.

Konzentrieren Sie sich in den nächsten Tagen ungefähr 2 bis 3 Mal täglich einige Minuten in völliger Entspannung auf dieses Bild.

Beobachten Sie den Unterschied zwischen Ihrem Befinden während des Kopf-Kinos und Ihrer bisherigen Reaktion auf Schmerzen oder Krankheit. Früher haben Sie vielleicht versucht, Ihr Unbehagen zu verdrängen oder zu ignorieren.

Durch solche Reaktionen verkrampfen Sie jedoch und behindern damit die Heilungskräfte Ihres Körpers. Durch die hier beschriebene Form des Kopf-Kinos jedoch mobilisieren Sie alle natürlichen Heilungskräfte, die in Ihnen ruhen. So können Sie selbst Ihren Heilungsprozeß begünstigen.

Beenden Sie dieses Kopf-Kino-Programm mit dem angenehmen "heilenden Bild", spannen Sie dann 5 Sekunden lang alle Ihre Muskeln einmal kräftig an, lockern Sie sie wieder und kehren Sie dabei in die Wirklichkeit zurück.

Mit dem Kopf-Kino und den dadurch entwickelten Selbstheilungskräften können Sie viel gegen die unterschiedlichsten Krankheiten tun.

3. Für das Lösen von Alltagsproblemen

Wenn Sie Kopf-Kino anwenden, können Sie auch viele sogenannte Alltagsprobleme leichter lösen. Oft müssen Sie Situationen bewältigen, Ziele bestimmen und erreichen oder Entscheidungen treffen.

Zwei Beispiele

a) Entscheidungen leichter treffen

Wenn Sie ein Ziel ansteuern und den richtigen Weg dorthin noch nicht kennen, dann versuchen Sie doch einmal, mit Kopf-Kino den besten Weg zu finden.

Beginnen Sie auch hier mit der Entspannungsübung.

Wenn Sie den Zustand der völligen Entspannung erreicht haben, stellen Sie sich das Ziel vor, das Sie erreichen wollen, z.B. das Erlernen einer Fremdsprache.

Richten Sie Ihre Aufmerksamkeit auf dieses Ziel.

Lassen Sie das Bild, das dabei entsteht, auf sich wirken.

Überlegen Sie dann, welche Möglichkeiten Sie haben, dieses Ziel zu erreichen. In unserem Beispiel das Heimstudium mit Büchern und Cassetten oder den Besuch eines Kurses in Ihrer Volkshochschule. Suchen Sie sich dann eine Möglichkeit aus, und tun Sie so "als ob" Sie sich für einen Weg entschieden hätten, z.B. für die erste Möglichkeit, das Heimstudium.

Stellen Sie sich die Folgen dieser Entscheidungen bildlich vor. Erzeugen Sie vor Ihrem inneren Auge Bilder: Sie sehen sich selbst beim Heimstudium. Sie sind allein in Ihrer Wohnung und machen es sich gemütlich. Sie lesen in Ihren Sprach-Büchern oder hören eine Sprach-Cassette. Sie hören sich laut die Fremdsprache sprechen und sind zufrieden, daß Sie das können. Lassen Sie diese Bilder auf sich wirken, und richten Sie Ihre Aufmerksamkeit auf die Gefühle und körperlichen Empfindungen, die dabei entstehen. Diese Reaktionen werden von Ihnen genau wahrgenommen und festgehalten.

Lassen Sie jetzt dieses Bild schwächer werden und beginnen Sie, sich auf den 2. Weg zu konzentrieren. Erzeugen Sie vor Ihrem inneren Auge Bilder, wie Sie an einem Kurs der Volkshochschule teilnehmen. Sie sehen sich, wie Sie in einer Gruppe von Leuten eine Fremdsprache erlernen. Erleben Sie die Gefühle, die Sie dabei wahrnehmen. Wenn Sie ein Gefühl von Geborgenheit erleben, dann ist Ihre Entscheidung für die Volkshochschule begünstigt. Diese Eindrücke halten Sie fest.

Versuchen Sie jetzt, die Empfindungen, die Sie bei den zwei möglichen Wegen hatten, miteinander zu vergleichen. Versuchen Sie herauszubekommen, welcher Weg der für Sie angenehmste ist.

Lassen Sie sich Zeit für diese Entscheidung.

Am Ende durchleben Sie das Gefühl, die Körperwahrnehmung des "besten" Weges noch einmal intensiv. Halten Sie diese Wirkung auch mit geöffneten Augen noch fest, nachdem Sie das Bild vor Ihrem inneren Auge schon zurückgenommen haben.

Sie haben Ihre Entscheidung getroffen, der Weg ist gefunden. Beenden Sie dieses Kopf-Kino-Programm mit dem Bild wie Sie erfolgreich Ihre Fremdsprache erlernen. Spannen Sie dann einmal 5 Sekunden lang alle Ihre Muskeln an, lockern Sie sie wieder und kehren Sie dabei in die Wirklichkeit zurück.

Es wird deutlich, daß nicht nur verstandesmäßige Überlegungen, sondern auch die Gefühle und Körperwahrnehmungen über den endgültigen Weg entscheiden. Letzteres sollte in der heutigen Zeit wieder stärker betont werden.

Durch diese Methode können Sie eine Entscheidung konkret treffen oder ein Problem lösen. Sie haben eine allgemeine Lösungsstrategie erworben.

b) Ziele leichter erreichen

Sie müssen zu einem Amt gehen und eine sehr wichtige Angelegenheit erledigen. Wenn Sie sich nicht gut fühlen und sich nicht sicher sind, ob Sie das schaffen, dann machen Sie Kopf-Kino.

Beginnen Sie wieder mit Entspannungsübungen. Haben Sie den Zustand der völligen Entspannung erreicht, beginnen Sie, vor Ihrem inneren Auge Bilder zu erzeugen. Nehmen Sie in Ihren Gedanken den Weg zum Amt vorweg. Lassen Sie diesen Weg und den Eintritt in das Amt und in das Büro Ihres Sachbearbeiters vor Ihrem inneren Auge wie einen Film ablaufen.

Stellen Sie sich vor, der Tag X ist da: Sie sind gut gelaunt. Sie ziehen schicke Kleidung an, verlassen das Haus und begeben sich auf den Weg. Sie grüßen freundlich Ihre Nachbarn und haben auch noch Zeit, ein paar Worte zu wechseln. Sie erzählen von Ihrem bevorstehenden Besuch beim Amt. Die Nachbarn wünschen Ihnen alles Gute. Sie gehen weiter und sind ganz ruhig und zuversichtlich.

Sie betreten das Amtsgebäude und fragen nach dem Weg zum Zimmer Ihres Sachbearbeiters. Sie fragen ganz ruhig und freundlich. Sie erreichen das Zimmer und müssen noch vor der Tür warten.

Sie sind froh, rechtzeitig von zu Hause aufgebrochen zu sein. So haben Sie jetzt noch etwas Zeit, sich vom Weg auszuruhen und sich noch einmal zu überlegen, was Sie Ihrem Sachbearbeiter sagen wollen und wie Sie Ihren Antrag begründen.

Sie betreten schließlich das Zimmer, grüßen Ihren Sachbearbeiter mit einem freundlichen Lächeln und schauen ihn dabei an. Dann tragen Sie ihm Ihre Wünsche vor.

Sie sagen sich: Mein Sachbearbeiter ist für mich da, er hilft mir, er gibt mir Auskunft. Er wird von uns Bürgern dafür bezahlt. Der Sachbearbeiter ist genauso freundlich zu mir. Wenn ich ein Fremdwort oder eine Erklärung nicht verstehe, dann frage ich nach. Erst wenn ich mein Anliegen vollständig vorgetragen habe und es gründlich behandelt wurde, verabschiede ich mich fröhlich.

Beenden Sie dieses Kopf-Kino-Programm mit dem Bild, wie Sie gut gelaunt und erfolgreich das Amt verlassen.

Spannen Sie einmal 5 Sekunden lang alle Muskeln an, lokkern Sie sie wieder und kehren Sie dabei in die Wirklichkeit zurück.

Schauen Sie sich in den Tagen vor einem Amtsbesuch dieses Kopf-Kino mehrmals an. Am Tag X führen Sie diesen Besuch dann erfolgreich durch.

Wichtig! Für alle Kopf-Kino-Programme gilt:

Kopf-Kino besteht aus 3 Etappen:

* **Entspannung**
* **Bilder vergegenwärtigen, Film erzeugen**
* **Rückkehr in die Gegenwart**

Phase I: Aufwärmübung

1. Teil: Atemtechnik

Stellen Sie sich eine Meereswelle vor. Versuchen Sie, mit der sanft fließenden Bewegung der Welle zu atmen. Dabei sollten Sie darauf achten, daß Sie langsamer als gewöhnlich atmen. Eine gute Hilfe ist es, wenn Sie beim Ein- und Ausatmen jeweils bis 6 zählen. Am besten ist es, durch die Nase ein- und durch den Mund auszuatmen.

Bitte führen Sie die Übung so aus:

1. Legen Sie eine Hand auf den Bauch und die andere Hand auf den unteren Brustkorb.
2. Atmen Sie langsam ein, und lassen Sie dabei den Bauch hervortreten. Zählen Sie dabei bis 6. Füllen Sie die Lungen völlig auf. Dabei weitet sich der gesamte Brustkorb. Auch die Lungenspitzen werden mit Luft gefüllt. Jetzt hat die "Meereswelle" ihren Höhepunkt erreicht.
3. Zählen Sie langsam bis 3 und halten Sie den Atem solange an.
4. Atmen Sie dann wieder langsam und vollständig aus. Entleeren Sie zuerst den Bauchraum, dann den Brustkorb. Wenn die Lungen leer sind, zählen Sie wieder langsam bis 3, bevor Sie wieder langsam einatmen.

So entsteht ein Atem-Rhythmus, der Sie entspannt und Ihnen Energie zuführt. Wiederholen Sie diese Übung etwa 20 Mal.
Auf diese Weise vermeiden Sie eine flache Atmung und gewöhnen sich die korrekte Zwerchfellatmung an.

1. Woche - 1. Übungstag

2. Teil: Gymnastische Übungen

Grätsch-Springen

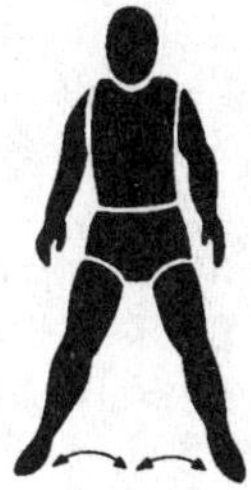

Der erste Tag beginnt mit einer leichten Übung: Stellen Sie sich locker hin. Nun springen Sie in die Grätschstellung und wieder zurück in die Ausgangsposition.
Die Arme dürfen locker mitschwingen.
Führen Sie diese Übung ca. 1 bis 3 Minuten lang durch.

Isometrische Übung

Als ideales Mittel gegen Ermüdungserscheinungen können diese Übungen immer wieder an Ort und Stelle in wenigen Sekunden durchgeführt werden. Augenblicklich zirkuliert das Blut lebhafter und lockert die Muskeln.
Führen Sie jede Übung nur 6 Sekunden lang aus und wiederholen Sie sie 3 Mal. Achten Sie bewußt auf die Entspannung und vergessen Sie das Atmen auch während der Anspannung nicht.

Grätschstand

Stellen Sie sich aufrecht hin, die Beine gegrätscht, Knie leicht gebeugt und die Füße nach außen gedreht. Die Arme werden in Brusthöhe verschränkt. Nun auf die Zehenspitzen stellen und 6 bis 10 Sekunden halten.
Wiederholen Sie das 10 Mal.
Diese Übung festigt Po und Oberschenkel und trainiert eine gute Haltung.

Phase II: Basistraining

1. Teil: Informationsaufnahme

Rückwärts lesen
Versuchen Sie diesen Text zu entziffern, indem Sie die einzelnen Wörter von rechts nach links lesen. Dann lesen Sie den Text noch einmal so schnell wie möglich.

nehcusreV eiS hcis uz nennapstne, dnerhäw eiS eseid gnubÜ nerhüfsua. nessaL eiS hcis thcin ni singnärdeB negnirb. eseiD gnubÜ tllets ehoh negnuredrofnA na eiS. eiS nessüm hcis rhes uaneg nereirtneznok, mu ned txeT uz nesel dnu gitiezhcielg ned nniS sed setxeT uz nehetsrev. eiD ehcastaT tredröf erhl tiekmaskremfuA dnu noitartneznoK. medhcaN eiS eseid gnubÜ nessolhcsegba nebah, nennög eiS hcis enie enielk esuaP, medni eiS erhl neguA nennapstne.

Boggle - Buchstaben kreuz und quer
Bilden Sie aus benachbarten Buchstaben Wörter, die mindestens 3 Buchstaben haben. Es dürfen keine Eigennamen, Fremd- oder Phantasiewörter vorkommen. Alle Wörter müssen in einem Wörterbuch stehen.
Ein Beispiel zeigt, wie es geht:

	A	E	L	E
EULE	U	P	U	E
	I	D	E	I
	B	R	I	O

Nun finden Sie weitere Wörter: Idee, der, Puder,
Reue, Lee, Luder, Lupe, Leupe,

1. Woche - 1. Übungstag

2. Teil: Informationsspeicherung

Wortliste
Prägen Sie sich bitte möglichst schnell folgende Wörter ein, und blättern Sie dann um:

Ameise - Zwieback - Amsel - Nelke - Zange - Palme - Badewanne - Fahrrad - Vitamin

Striche nachzeichnen

Prägen Sie sich bitte genau die Längen der Striche ein.
Auf der Rückseite versuchen Sie bitte, diese nachzuzeichnen. Aber nur aus dem Gedächtnis!

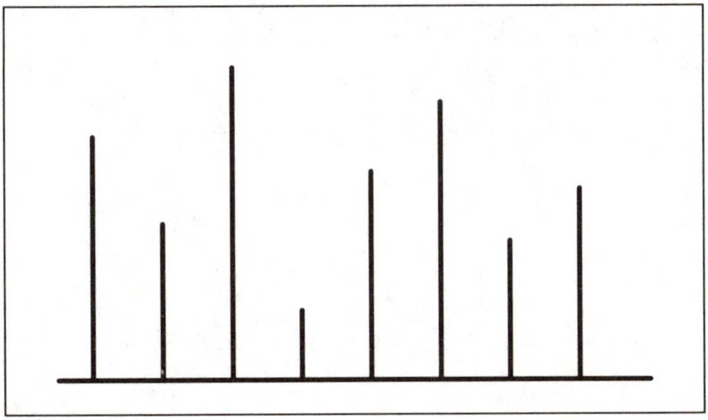

Phase II: Lösungen und Fortsetzung

Lösungen

Rückwärtslesen

Versuchen Sie, sich zu entspannen, während Sie diese Übung ausführen. Lassen Sie sich nicht in Bedrängnis bringen. Diese Übung stellt hohe Anforderungen an Sie. Sie müssen sich sehr genau konzentrieren, um den Text zu lesen und gleichzeitig den Sinn des Textes zu verstehen. Die Tatsache fördert Ihre Aufmerksamkeit und Konzentration. Nachdem Sie diese Übung abgeschlossen haben, gönnen Sie sich eine kleine Pause, indem Sie Ihre Augen entspannen.

Boggle - Buchstaben kreuz und quer

Hier sind einige Wörter, die im Spiel enthalten sind. Sicher haben Sie noch mehr oder andere gefunden.

BREI, PUDER, IRE, DER, REUE, LEE, LUPE,
LUDER, LEER

1. Woche - 1. Übungstag

Fortsetzung

Wortliste
Schreiben Sie jetzt bitte alle Wörter auf. Die Reihenfolge ist dabei nicht wichtig. Zum Vergleich können Sie danach zurückblättern.

Ameise – Zwieback – Amsel – Nelke
– Zange – Palme – Badewanne
– Fahrrad – Vitamin

Striche nachzeichnen
Versuchen Sie jetzt bitte, die Striche nachzuzeichnen.

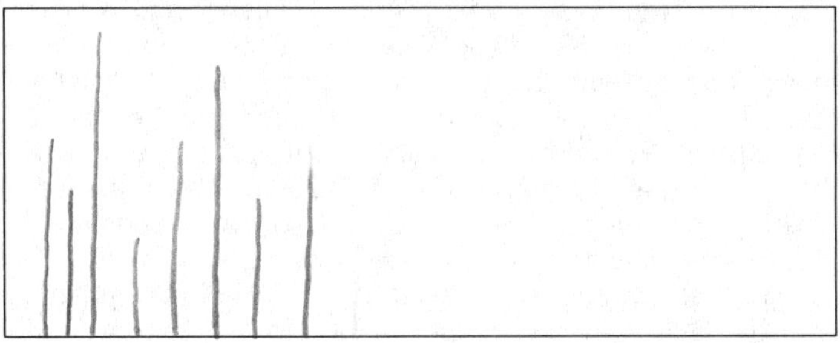

Phase III: Merk - Zettel

Wissenswertes

Computer
Unser Alltagsleben wird stark von Computern bestimmt. Ob an den Kassen der Supermärkte, in Büros, in Autos oder in Jumbo Jets - überall sind Computer am Werk.
Die Arbeit der Computer besteht darin, daß sie Informationen in einen Strom elektrischer Stöße verwandeln. Mit unglaublicher Geschwindigkeit werden Programme abgearbeitet und Rechnungen ausgeführt. Ein Programm ist ein Satz von Befehlen, die ein Computer versteht.
Die Arbeit des Computers geschieht in Form einer ständigen Wahl zwischen zwei Möglichkeiten. Die Informationen werden also in einer Reihe von Signalen übermittelt, die in **"an und aus-Zustände"**, d.h. in fließenden und nicht fließenden Strom, übersetzt sind.
Computer brauchen Mikrochips. Sie enthalten Tausende oder Millionen elektronischer Schalter, die auf engstem Raum zusammengepackt sind. Durch elektronische Stromstöße werden diese Schalter blitzschnell an- oder ausgeknipst. Jeder Schalter stellt eine Informationseinheit dar. Wichtig für den Computer ist auch ein Festplattenspeicher. Er wird benutzt, um Informationen - beispielsweise Programme und Dateien - zu speichern. Wenn er aktiviert wird, dreht sich eine Scheibe im Festplattenlaufwerk mit hoher Geschwindigkeit. Ein Magnetkopf setzt sich in Bewegung und liest Informationen von der Scheibe ab, zeichnet neue Informationen auf oder löscht nicht mehr benötigte Dateien. Eine Datei ist ein zusammenhängender Satz von Informationen.

1. Woche - 1. Übungstag

Planungsbogen für den Tag **Datum:** 28. März '02

Um immer auf der Höhe zu sein, ist es wichtig, den Tag gut zu planen und sich etwas Sinnvolles vorzunehmen. An dieser Stelle können Sie täglich Ihr persönliches Tagesprogramm planen. Gehirn-Jogging sollten Sie immer zur selben Tageszeit machen. Tragen Sie alles ein, z.B. Arzttermine, Einkäufe, Verabredungen, Vorhaben, besondere Tagesziele wie z.B. den Volkshochschul-Plan holen und vieles andere mehr:

jeden Tag mit Terminplan beginnen

Vormittag:

Unterhaltssicherungsbehörde ✓

13³⁰ Ulla anrufen ✓

Nachmittag: 14⁰⁰ - 16⁰⁰ Lernen TI X

16⁰⁰: 30 Min Laufen (Puls: 156) X

17⁰⁰: Gedächtnistraining, 18⁰⁰ - 19³⁰ Lernen TI X

Abend: 8⁰⁰ Karten Gigi, vorher Geld ✓ abheben

Mein besonderes Tagesziel: ab 15 Uhr wenig und nur gesundes Zeug essen X

Phase III:
Merk-Zettel - Fragen zum Vortag

Wissenswertes

An dieser Stelle finden Sie immer Fragen zum "Wissenswerten" des Merk-Zettels vom Vortag.

Am ersten Übungstag können wir Ihnen ja leider noch keine Fragen stellen, aber zu dem Text "Computer: Maschinen mit Gedächtnis", werden wir Sie schon morgen etwas fragen.

1. Woche - 1. Übungstag

Zum Tagesplan des Vortages

Haben Sie gestern Ihren Tagesplan eingehalten?
Schreiben Sie hier bitte auf, was Sie gestern erledigt haben.

Vormittag:

Nachmittag:

Abend:

Mein besonderes Tagesziel war:

Phase IV: Denk - Mal

Knobelaufgaben

Spiel 24
Eine kleine geistige Aufwärmübung, um die kreativen Gedankengänge geschmeidig zu machen.
Sie bekommen vier Zahlen vorgegeben, aus denen Sie in beliebiger Reihenfolge mit den vier Grundrechenarten Addition (+), Subtraktion (-), Multiplikation (x) und Division (:) eine Rechnung herausfinden sollen, deren Ergebnis die Zahl 24 ist. Wichtig ist, daß Sie jede Zahl benutzen, dies aber nur einmal.
Ein Beispiel verdeutlicht Ihnen die Vorgehensweise:
Gegeben sind die Zahlen **8 - 4 - 1 - 1**
Durch die Rechnung **8 - 1 - 1 = 6 x 4** erhalten Sie das Ergebnis 24.

Nun versuchen
Sie es selbst:

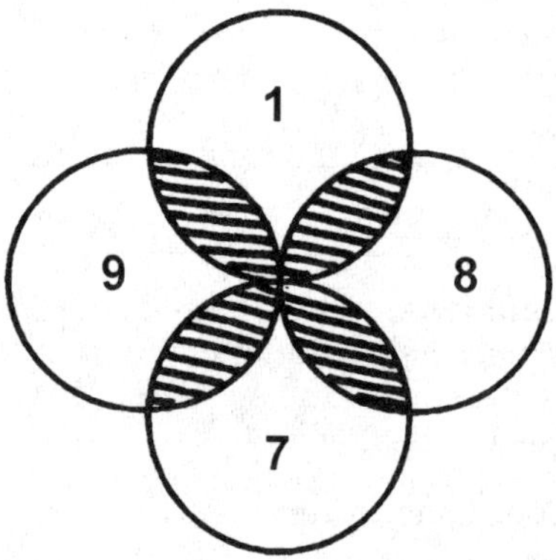

9-7+1 · 8

Verwandschaftsverhältnisse
Ich habe weder Brüder noch Schwestern, aber dieses Mannes Vater ist meines Vaters Sohn.
Wie sind die beiden miteinander verwandt?

Er ist der Sohn

1. Woche - 1. Übungstag

Tip des Tages

Spielen
Das ist doch etwas für Kinder? Nein, nicht nur!
Spiele können sehr anspruchsvoll und anregend sein.
Laden Sie doch mal einige Freunde zu einem Spielnachmittag oder -abend ein.
Kennen Sie Skat, Dame, Mühle, Schach oder Halma? Trauen Sie sich ruhig auch mal wieder zu, ein neues Spiel zu probieren und wenn es Ihnen Spaß macht, merken Sie gar nicht wie schnell Sie wieder etwas gelernt haben. Spiele sind nicht nur unterhaltsam und machen Spaß, sie sind auch eine nette Art, Denken und Konzentrationsfähigkeit zu fordern und zu fördern.
Im Anhang haben wir eine Liste von Spielen für Sie zusammengestellt, die Ihre Neugierde wecken und den Spieltrieb wieder hervorholen können.

Lern-Strategie

Laut lesen und laut wiederholen
Wenn Sie etwas (Namen, Telefonnummern, Wortlisten etc.) laut lesen und anschließend noch einmal aufsagen, werden Sie es besser behalten. Neben der Wiederholung nutzen Sie für das Behalten mehrere Ihrer Sinne. Beim Lesen prägen Sie sich das optische Bild des Textes ein, und durch den Klang Ihrer Stimme auch das akustische.
Außerdem verleiht Ihre Stimme allem Gesagten eine größere Bedeutung, und alles Wichtige prägt sich besser ein.

Phase IV: Lösungen und Denk - Netz

Lösungen zu den Knobelaufgaben

Hier ist die Lösung:

Spiel 24

9 - 1 - 8 - 7:
9 - **7** = 2
2 + **1** = 3
3 x **8** = 24

Natürlich sind auch andere Rechenmuster möglich. Wir zeigen hier nur einen möglichen Lösungsweg auf.
Wenn Sie Spaß daran haben, versuchen Sie doch, beim nächsten Mal mehrere Rechenmöglichkeiten herauszubekommen.

Verwandtschaftsverhältnisse
Haben Sie auch so komplizierte Verwandtschaftsverhältnisse?
Nachdem sein Vater nur einen Sohn hat, muß er der Sohn sein und zugleich der "Mann", von dessen Vater die Rede ist. Es sind daher Vater und Sohn.

1. Woche - 1. Übungstag

Denk - Netz

Hier ist Platz für Ihr Denk-Netz zum "Wissenswerten" aus dem Merk - Zettel von heute.

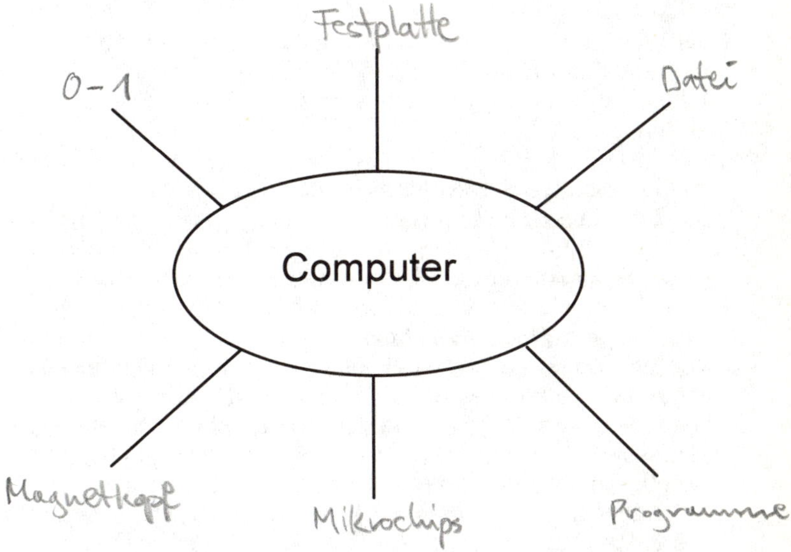

Kür-Phase V: Kopf-Kino

Führen Sie im Laufe des Tages Ihr Kopf-Kino-Programm durch, immer dann, wenn Sie Zeit und Lust dazu haben.

Phase I : Aufwärmübung

1. Teil: Atemtechnik

Achten Sie auf den Atem-Rhythmus:
Denken Sie daran, langsam durch die Nase ein- und durch den Mund auszuatmen und dazwischen die Luft anzuhalten während Sie bis 3 zählen.

Als Hilfe zur korrekten Atmung: zählen Sie langsam bis 6 während Sie einatmen, dann die Luft anhalten und bis 3 zählen. Wieder langsam ausatmen während Sie bis 6 zählen.

Wiederholen Sie diesen Atem-Rhythmus etwa 20 Mal.
Denken Sie an die Meereswelle!

Hinweis für Anwender der gymnastischen Übungen
Durch diese Übungen werden die Muskeln elastischer, Gelenke und Wirbelsäule beweglicher. Die inneren Organe werden dabei leicht massiert und der Stoffwechsel angeregt. Die bessere Durchblutung des Körpers, besonders des Gehirns, steigert die Lernbereitschaft und verbessert das Lernvermögen.
Wichtig ist es auch hier, tief und bewußt zu atmen. Am Anfang achten Sie nur darauf, daß Sie fließend ein- und ausatmen. Der richtige Atemrhythmus stellt sich dann während der Übungen von alleine ein.

1. Woche - 2. Übungstag

2. Teil: Gymnastische Übungen

Schulterkreisen

Stellen Sie sich aufrecht und entspannt hin. Ihre Arme lassen Sie locker hängen. Beginnen Sie, mit den Schultern zu kreisen. Machen Sie dabei große Bögen. Die Schultern müssen fast Ihre Ohren berühren. Ihre Schultermuskulatur wird danach gut durchblutet und gelockert sein. Machen Sie jeweils 10 Kreise vorwärts und rückwärts.

Isometrische Übung

Schultern hochziehen

Zur Mobilisierung und Kräftigung der Schulter-Nacken-Muskulatur.

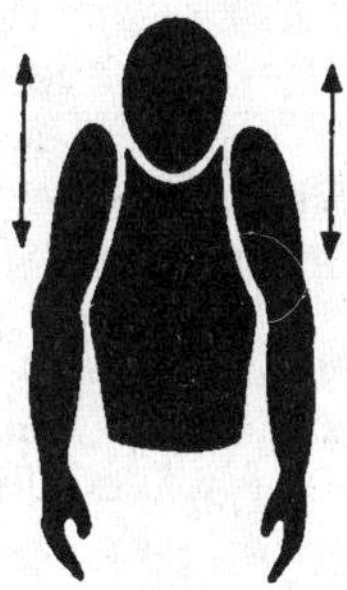

Zur Grundspannung im Sitz setzen Sie die Füße schulterbreit auf und halten den Rücken gerade, die Füße nach unten stemmen.

Nun drücken Sie die Schultern aktiv nach unten, während der Kopf nach oben zieht. Anschließend ziehen Sie die Schultern nach oben und halten die Spannung 6 Sekunden lang.

Wiederholung 3 Mal.

Phase II: Basistraining

1. Teil: Informationsaufnahme

Wörter - Eintopf
Hier sind die Buchstaben etwas durcheinander geraten. Wie lautet der Satz, wenn man zuvor ein wenig Ordnung in den Wörtern geschaffen hat?

"EILEV HÖCEK DREVREBEN END IRBE"

Viele Köche verderben den Brei

Jetzt wird es schwieriger. Bei diesem Satz sind nicht nur die Buchstaben in jedem Wort, sondern auch die Wörter insgesamt durcheinander geraten. Mit etwas Geduld und Konzentration wird es aber zu schaffen sein.

"HILCT CUHA TSI LIVE OW SIT TATCHSEN EVIL"

Wo viel Licht ist, ist auch viel Schatten.

Zahlenreihe
Ein Spiel, das Sie vielleicht noch aus der Schule kennen. Wie heißt die nächste Zahl?

1 - 2 - 4 - 7 - 11 - 16 - 22

Sie müssen hier die logische Gesetzmäßigkeit finden, um die nächste Zahl bestimmen zu können.

1. Woche - 2. Übungstag

2. Teil: Informationsspeicherung

Schwarz-Weiß-Malerei
Versuchen Sie bitte, sich diese Figuren genau einzuprägen.
Danach blättern Sie um.

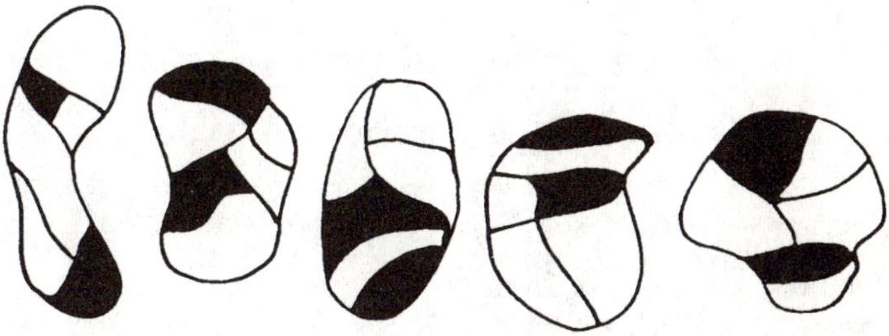

Zahlenpaare
Prägen Sie sich bitte möglichst schnell diese Zahlenpaare ein.
Danach blättern Sie um.

4	**5**	**3**	**6**	**1**
7	**9**	**0**	**2**	**5**

Phase II: Lösungen und Fortsetzung

Lösungen

Wörter - Eintopf

"Viele Köche verderben den Brei." Stimmt's?

Wörter - Eintopf

"Wo viel Licht ist, ist auch viel Schatten."

Gratuliere, das war wirklich nicht einfach!

Zahlenreihe
Wie heißt die nächste Zahl?
Der Rhythmus ist: +1 +2 +3 +4 +5 +6
Die nächste Zahl ist also 22.

1. Woche - 2. Übungstag

Fortsetzung

Schwarz-Weiß-Malerei

Nun sind alle Figuren weiß. Malen Sie bitte die richtigen Felder wieder schwarz. Blättern Sie aber nicht zu früh zurück.

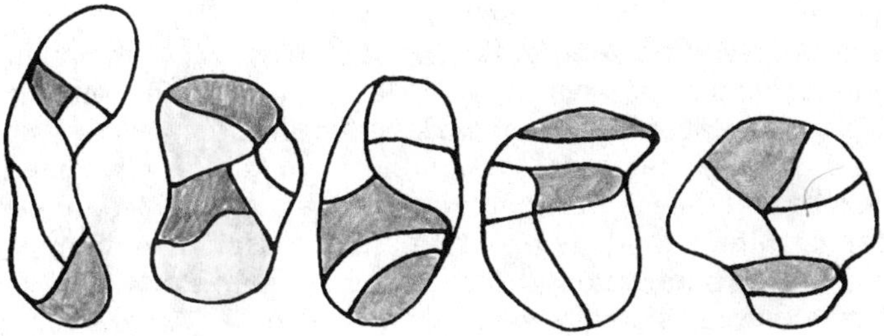

Zahlenpaare

Mit dieser Übung trainieren Sie Ihr Kurzzeitgedächtnis. Füllen Sie bitte das leere Kästchen mit den Zahlen aus, an die Sie sich noch erinnern. Zum Vergleich können Sie dann wieder zurückblättern.

4	5	3	6	1
7	9	0	2	5

Wenn es noch nicht so klappt wie Sie es sich vorstellen, dann lassen Sie sich nicht entmutigen. Es wird von Tag zu Tag besser gehen.

Phase III: Merk - Zettel

Wissenswertes

Können Computer denken?

Computer können bereits Schach spielen, mathematische Probleme lösen sowie Texte in fremden Sprachen lesen und übersetzen. Doch keine Maschine, und sei sie technisch noch so hoch entwickelt, ist bisher auch nur annähernd in der Lage, die vielfältigen Möglichkeiten des menschlichen Denkens nachzuahmen.

Ein Problem besteht darin, daß Gehirn und Computer unterschiedlich organisiert sind. Das Gehirn ist ein Netz aus mehreren Milliarden Nervenzellen. Jede Nervenzelle ist mit etwa 10 000 anderen verbunden, und sie alle arbeiten gleichzeitig. Diesen Aufbau können Sie sich vorstellen wie das Denk-Netz, in dem die Begriffe netzartig verbunden und zugeordnet werden. Das Lernen mit dem Denk-Netz ist deshalb so erfolgreich, weil es im Prinzip der Arbeitsweise des Gehirns am nächsten kommt.

Computer hingegen enthalten Millionen von einzelnen Schaltkreisen, von denen jeder mit nur einem einzigen anderen Kreis verbunden ist. Sie alle arbeiten ausschließlich nacheinander. Die durch einen Computer fließende Information ist also in nur eine Richtung kanalisiert und kann nicht, wie im Gehirn, nach allen Seiten ausströmen.

Computerschaltkreise arbeiten aber viel schneller als Nervenzellen. Manche Aufgaben - z.B. lange, komplizierte mathematische Berechnungen - kann ein Computer besser bewältigen. Das Gehirn mit seinen verhältnismäßig trägen Nervenzellen kann dafür wesentlich besser Gesetzmäßigkeiten erkennen. Es ist lernfähiger, was damit zusammenhängen könnte, daß die Nervenzellen während des Lernprozesses zunehmend Verbindungen miteinander eingehen.

1. Woche - 2. Übungstag

Planungsbogen für den Tag **Datum:** 29. März '02

An dieser Stelle können Sie täglich Ihr persönliches Tagesprogramm planen. Gehirn-Jogging sollten Sie immer zur selben Tageszeit machen. Tragen Sie alles ein, z.B. Arzttermine, Einkäufe, Verabredungen, Vorhaben, besondere Tagesziele wie z.B. den Volkshochschul-Plan holen und vieles andere mehr:

tägl. mit Terminplanung + Gehirn-Jogging beg.

Vormittag:

Nachmittag: 14.40 - 16.00 : TI lernen

16 - 18.00 : Laufen gehen : Puls 155

18 - 20.00 : TI lernen

Abend: 20.00 - 21.00 : Gedächtnistraining

21.00 - frei !

Mein besonderes Tagesziel: ab 15.00 nur noch wenig und gesundes Zeug essen, viel trinken

Phase III:
Merk-Zettel - Fragen zum Vortag

Wissenswertes

So, jetzt können wir Ihnen aber endlich ein paar Fragen stellen:

1. Was ist ein Mikrochip?

Aus Mio. kleinen Schalter bestehender Baustein

2. Wie arbeitet eine Festplatte?

Datenscheiben auf die ein magnet. Schreib-Lesekopf wirkt

3. Nach welchem Prinzip arbeitet ein Computer?

Schalter - An - Und - Aus

1. Woche - 2. Übungstag

Zum Tagesplan des Vortages

Haben Sie gestern Ihren Tagesplan eingehalten?
Schreiben Sie hier bitte auf, was Sie gestern erledigt haben.

Vormittag:

Nachmittag:

Abend:

Mein besonderes Tagesziel war:

Phase IV: Denk - Mal

Knobelaufgaben

Spiel 24
Sie erinnern sich noch?
Alle Zahlen einmal nach Belieben verwenden und mit den Grundrechenarten +, - , x , : , so zusammenrechnen, daß als Ergebnis die 24 herauskommt.

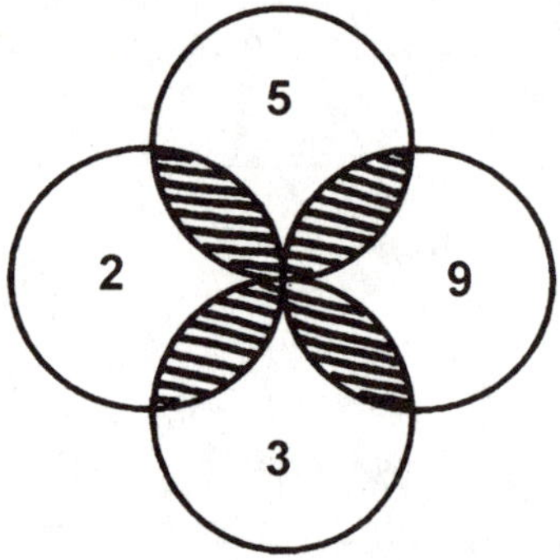

3·9-5+2

Der Wüstenscheich
Es gab einmal einen Wüstenscheich, der hinterließ seinen Zwillingssöhnen ein großes Reich. Er hatte sich aber nicht entscheiden können, welchem der beiden er das Erbe vermachen sollte. Nach einem uralten Stammesgesetz durfte das Reich auf gar keinen Fall geteilt werden. In seinem Testament beschreibt er deshalb, wem das Erbe zugeteilt werden sollte: "Meine Söhne, setzt euch auf die Pferde und macht ein Wettrennen. Das Erbe soll erhalten, wessen Pferd als letztes das Ziel erreicht!"
Und so taten auch die Söhne. Sie bestiegen ihre Pferde und ritten los. Doch plötzlich wurden sie langsamer und langsamer und blieben schließlich stehen. Dann überlegten die Söhne, daß sie ja doch irgendwie eine Entscheidung treffen mußten. Plötzlich hatten sie eine Idee, die sie auch sofort in die Tat umsetzten. Da hatten sie es plötzlich ganz eilig und galoppierten los.
Welche Idee hatten sie?

1. Woche - 2. Übungstag

Tip des Tages

Konzentrationsübung

Mit Kopf und Hand...

Setzen Sie sich entspannt auf einen Stuhl und reiben Sie Ihre Handinnenflächen aneinander, bis sie richtig warm sind. Stellen Sie sich vor, Sie formen eine Kugel aus weichem Ton.

Legen Sie nun die Hände mit der warmen Innenseite auf Ihre geschlossenen Augen. Genießen Sie die entspannende Wärme, die von den Händen auf die Augen übergeht.

Nach etwa einer Minute lassen Sie die Hände sinken und öffnen ganz langsam die Augen, atmen tief durch und sagen leise: "Schööön".

Nun legen Sie die Hände auf den Kopf, fassen mit beiden Daumen an die Schläfen und massieren mit den Fingerkuppen der anderen Finger systematisch Ihre Kopfhaut.

Massieren Sie mit sanftem, leichtem Druck und spüren Sie, wie die Kopfhaut angenehm durchblutet wird.

Lern-Strategie

Lernen wie im Schlaf

Ein alter Traum der Menschheit.

Tatsächlich behält man kurz vor dem Schlafengehen Gelerntes oftmals besonders gut. Das liegt daran, daß der Erinnerungsvorgang während des Schlafes weniger gestört ist. Man ist keinen neuen Eindrücken und Erlebnissen mehr ausgesetzt, die das Einprägen erschweren. Die Gedanken haben Zeit, ungestört im Gehirn zu kreisen und können sich so besser festsetzen.

Phase IV: Lösungen und Denk - Netz

Lösungen der Knobelaufgaben

Spiel 24
Eine mögliche Lösung ist:

5 - 2 - 9 - 3 :
5 - **2** = 3
3 x **9** = 27
27 - **3** = 24

Der Wüstenscheich
Die Söhne tauschten die Pferde. Wenn sie das Pferd des anderen als erstes ins Ziel brachten, war damit das eigene Pferd letztes und sie erfüllten die Bedingung des Testamentes.

Denk - Netz

Hier ist Platz für Ihr Denk-Netz zum "Wissenswerten" aus dem Merk-Zettel von heute.

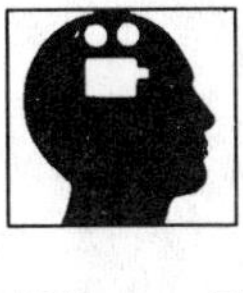

Kür-Phase V: Kopf-Kino

Führen Sie im Laufe des Tages Ihr Kopf-Kino-Programm durch, immer dann, wenn Sie Zeit und Lust dazu haben.

Phase I: Aufwärmübung

1. Teil: Atemtechnik

Vermeiden Sie heftiges Ein- oder Ausatmen. Versuchen Sie, dem Atem in den Körper hinein zu folgen. In den Körper hinein und wieder heraus. So wird Ihr Atem fast wie von selbst tief und ruhig.
Diese Technik können Sie auch in Streßsituationen anwenden, denn in stressigen Situationen wird der Körper schlechter mit Sauerstoff versorgt. Dadurch fühlen Sie sich dann schlapp und müde.

Vergessen Sie nicht zu zählen: 6 - 3 - 6 - 3 u.s.w., das wird Ihnen am Anfang helfen, sich an den richtigen Rhythmus zu gewöhnen.

2. Teil: Gymnastische Übungen

Marschieren auf der Stelle

Gehen Sie auf der Stelle und ziehen Sie dabei die Knie betont zum Oberkörper hoch. Die Arme sollen ebenfalls kräftig mitschwingen.

Stellen Sie sich einfach vor, Sie müßten die Weinbeeren noch auf althergebrachte Weise stampfen.

Isometrische Übung

Wanddrücken

Zur Kräftigung der Arm- und Schultermuskulatur stellen Sie sich im Wechselschritt vor eine Wand. Stützen Sie die Arme in Beugehaltung gegen die Wand und versuchen Sie dabei, die Wand 6 Sekunden lang wegzudrücken.

Danach sollten Sie bewußt entspannen.

Wiederholen Sie die Übung mit wechselseitiger Fußstellung 3 Mal.

Phase II: Basistraining

1. Teil: Informationsaufnahme

Welches ist der nächste Buchstabe?
Versuchen Sie bitte herauszubekommen, welcher von den vorgeschlagenen Buchstaben die Reihe richtig fortsetzt. Jede Buchstabenfolge hat nähmlich einen regelmäßigen Rhythmus.
Beispiel: a c e g __ (h i j k l)
In dieser Folge ist es jeder zweite Buchstabe des Alphabets. Die richtige Fortsetzung ist der Buchstabe "i".
Wie werden diese Reihen fortgesetzt?

1. b c d f __ (g h i j k)
2. A C D F __ (G H I J K)
3. a e i o __ (r t u w y)
4. G H K L __ (M N O P Q)
5. e d i h __ (g o n j t)

Gleiche Paare
Schauen Sie sich bitte die 2 Zeilen genau an.
Einige sind gleich, andere sind etwas unterschiedlich.
Kreuzen Sie bitte möglichst schnell die Paare an, die genau gleich sind.

346864	KZOQPT	289183	EFFZKV	389282
348664	KZQOPT	289183	FEFZKV	389228

DFKWVO	982068	KHLMBO	289579	RTUVOS
DFKVWO	982608	KHLMBO	289597	RTVUOS

Wieviele gleiche Paare gibt es?

1. Woche - 3. Übungstag

2. Teil: Informationsspeicherung

Telefonnummern
Versuchen Sie bitte, sich diese Telefonnummern einzuprägen. Danach blättern Sie weiter.

5 2 7 8 2 6 **1 9 2 5 3 7** **6 3 6 1 6 3**

Musikinstrumente
Schauen Sie sich bitte diese Musikinstrumente genau an. Prägen Sie sich die Namen ein. Erst dann blättern Sie bitte um.

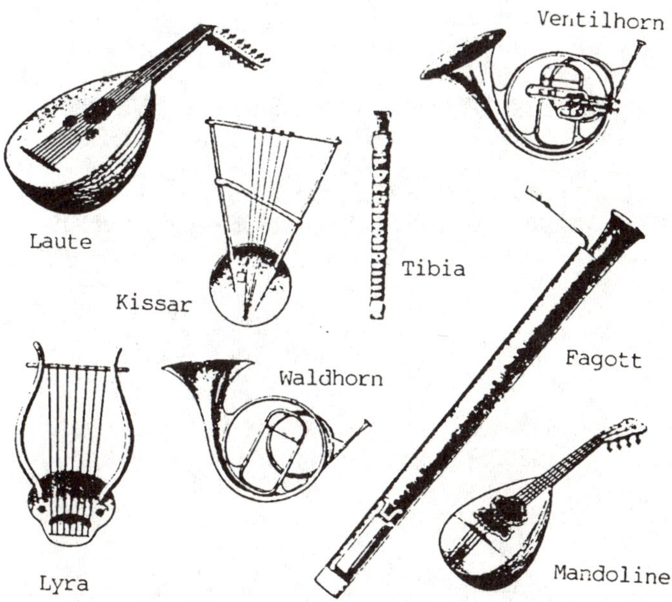

Phase II:
Lösungen und Fortsetzung

Lösungen

Welches ist der nächste Buchstabe?
Das sind die richtigen Buchstaben:

1. h
2. G
3. u
4. O
5. o

Gleiche Paare
Es sind 2 gleiche Paare.

346864	KZOQPT	*289183*	EFFZKV	389282
348664	KZQOPT	*289183*	FEFZKV	389228
DFKWVO	982068	*KHLMBO*	289579	RTUVOS
DFKVWO	982608	*KHLMBO*	289597	RTVUOS

1. Woche - 3. Übungstag

Fortsetzung

Telefonnummern
Versuchen Sie bitte, aus dem Gedächnis alle drei Telefonnummern aufzuschreiben. Erst danach zurückblättern.

TIP: Durch das Zusammenfassen der Zahlen, z.B. Dreihundertachtundneunzig, lassen sich größere Zahlenreihen besser merken.

Musikinstrumente
Leider sind die Musikinstrumente etwas durcheinander geraten. Aber sicher wissen Sie noch die Namen. Schreiben Sie sie bitte an jedes Instrument.

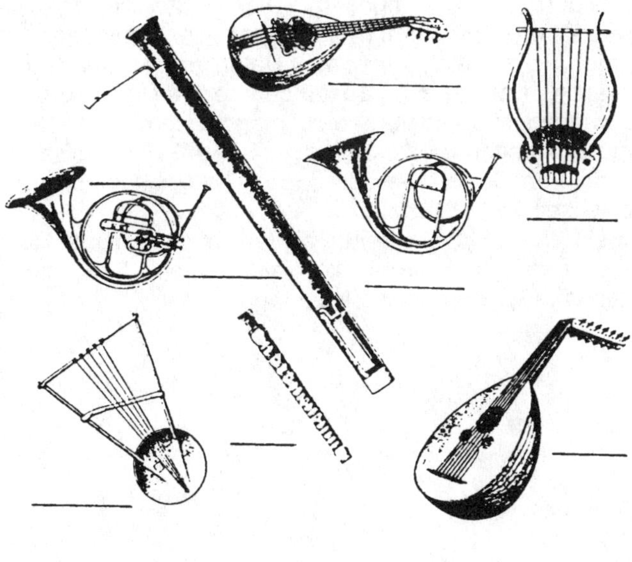

Phase III: Merk - Zettel

Wissenswertes

Digital

Die Digital-Technik ist die Voraussetzung für elektronische Speicherung, Verarbeitung und Übertragung von Informationen. Daten, wie z.B. Licht- und Schallwellen, Texte, Temperaturen und Geschwindigkeiten werden gemessen und in ein Zahlensystem übersetzt. Diese werden dann mit Stromsignalen in Kupfer- bzw. Lichtsignalen in Glasfaserkabeln übertragen. Die Umwandlung der entsprechenden Daten erfolgt über einen sogenannten Analog/Digital-Wandler, der Signale und Zeichen in vorgegebenen Zeitabständen abtastet und je nach Größe, Stärke, Anzahl u.s.w. mit einem festen Zahlenwert belegt. Dieser Wert wird dann ebenfalls im Analog/Digital-Wandler in eine meist achtstellige Folge von Null und Eins-Entscheidungen (Bit) umgesetzt. Dieses System, das nur mit zwei Ziffern auskommt (0 und 1), ist besonders geeignet u.a. für die elektronische Datenverarbeitung, die Informationen nur in zwei Zuständen verarbeitet: Ladung - keine Ladung, magnetisiert - nicht magnetisiert.
Computer arbeiten heutzutage digital. Die Daten werden in einen binären Code - bestehend aus Nullen und Einsen - verschlüsselt und verarbeitet.
Auch ein CD-Spieler arbeitet digital, im Gegensatz zum Schallplattenspieler, der die auf einer Schallplatte gespeicherten Daten analog weiterverarbeitet.

1. Woche - 3. Übungstag

Planungsbogen für den Tag **Datum:**

Planen Sie Ihren Tag gut!
Sie haben hier Platz, Ihre Ideen festzuhalten und Termine zu koordinieren.
Die beste Zeit, Gehirn-Jogging zu machen, ist der Vormittag. Dann ist das Gehirn optimal leistungsfähig.

Vormittag:

Nachmittag:

Abend:

Mein besonderes Tagesziel:

Phase III:

Merk-Zettel - Fragen zum Vortag

Wissenswertes

* Welche Aufgaben kann ein Computer nicht bewältigen?

* Wie ist das Denken im Gehirn organisiert?

* Welche Vorteile hat der Computer im Vergleich zum menschlichen Gehirn?

* Warum ist das Lernen mit dem Denk-Netz so erfolgreich?

1. Woche - 3. Übungstag

Zum Tagesplan des Vortages

Haben Sie gestern Ihren Tagesplan eingehalten? Schreiben Sie hier bitte auf, was Sie gestern erledigt haben.

Vormittag:

Nachmittag:

Abend:

Mein besonderes Tagesziel war:

Phase IV: Denk - Mal

Knobelaufgaben

Spiel 24

Denken Sie daran, jede Zahl muß einmal, und nur einmal, in eine Rechenaufgabe eingebaut werden, um ein Ergebnis von 24 herauszubekommen.

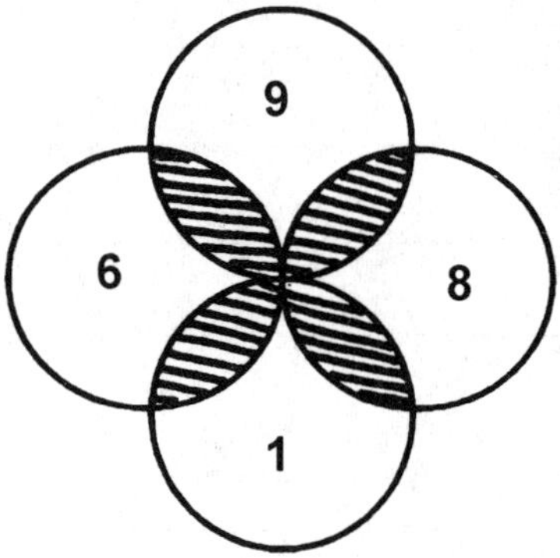

Streichholzknobelei

12 Streichhölzer bilden 4 Quadrate. Nehmen Sie 2 Hölzchen weg, so daß 2 Quadrate übrig bleiben.

1. Woche - 3. Übungstag

Tip des Tages

Möbel umstellen
Wie lange wohnen Sie schon in Ihrer Wohnung?
Möchten Sie Ihre Umgebung einfach mal neu gestalten? Sie könnten die Wohnung wechseln oder neue Möbel kaufen, aber das ist umständlich und teuer. Dennoch wird Wohnen interessanter, wenn es wieder etwas Neues gibt. Deshalb: Ziehen Sie doch einmal innerhalb der Wohnung um. Stellen Sie Ihre Möbel um: Sitzgruppe, Tisch, Schrank. Oftmals gibt es dabei eine verblüffend neue anregende Wirkung. Die Räume wirken völlig anders, manchmal sogar um einiges größer oder einfach gemütlicher.

Für das Verrücken schwerer Möbelstücke scheuen Sie sich nicht, andere um Hilfe zu bitten. Um Hilfe zu bitten ist oftmals schwieriger als zu helfen, aber es ist ein großer Schritt in Richtung Kontakte knüpfen .

Phase IV: Lösungen und Denk - Netz

Lösungen der Knobelaufgaben

Hier ist die Lösung:

Spiel 24 **Streichholzknobelei**

6 - 9 - 1 - 8
9 - **6** = 3
3 x **8** = 24
24 x **1** = 24

Lern-Strategie

Vogelperspektive
Sie können Neues leichter behalten, wenn der Bedeutungsgehalt - der Sinn - erhalten bleibt. Versuchen Sie deshalb, Neues immer als "Ganzes" zu lernen. Kurze Texte oder Gedichte haben Sie wahrscheinlich immer schon so gelernt, aber längere Gedichte haben Sie früher Strophe für Strophe erarbeitet. Versuchen Sie jetzt einmal, auch ein langes Gedicht *ganzheitlich* zu lernen.

- Verschaffen Sie sich einen Überblick wie aus der Vogelperspektive.
- Lesen Sie das Gedicht erst ganz durch.
- Suchen Sie den roten Faden.
- Unterteilen Sie das Gedicht in inhaltliche, logische Abschnitte.
- Verknüpfen Sie die einzelnen Teile untereinander wie bei einem Denk-Netz.

1. Woche - 3. Übungstag

Denk - Netz

Hier ist Platz für Ihr Denk-Netz zum "Wissenswerten"aus dem Merk-Zettel von heute.

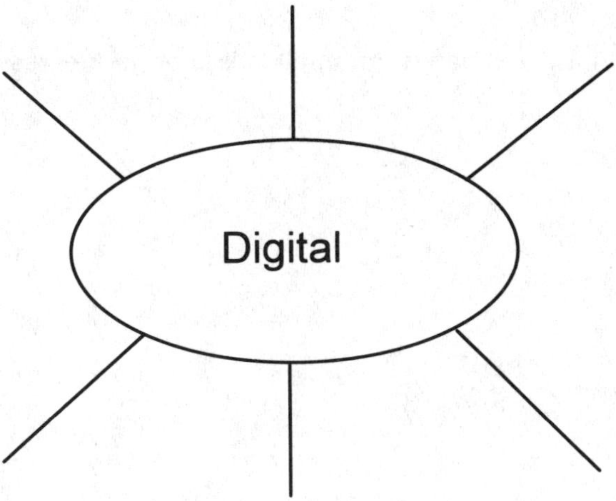

Kür-Phase V: Kopf-Kino

Führen Sie im Laufe des Tages Ihr Kopf-Kino-Programm durch, immer dann, wenn Sie Zeit und Lust dazu haben.

Phase I: Aufwärmübung

1. Teil: Atemtechnik

Denken Sie bitte an den Atem-Rhythmus:
6 Pulsschläge lang einatmen, 3 Pulsschläge lang die Luft anhalten, 6 ausatmen, 3 Pause und wieder langsam einatmen.
Wiederholen Sie diesen Atem-Rhythmus etwa 20 Mal.

Stellen Sie sich langsam anrollende, riesige Meereswellen vor...

1. Woche - 4. Übungstag

2. Teil: Gymnastische Übungen

Beinschwingen am Stuhl

Stellen Sie sich hinter einen Stuhl und stützen Sie sich auf die Lehne. In leicht gebeugter Haltung schwingen Sie im Wechsel ein Bein vor und zurück bzw. nach rechts und links. Schwingen Sie mit jedem Bein 20 bis 30 Sekunden.
Wiederholen Sie 2-3 Mal pro Bein.

Isometrische Übung

Rauf und runter an der Wand

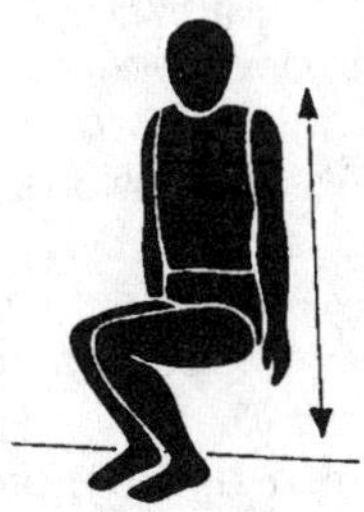

Mit dieser Übung können Sie Ihre Körperhaltung verbessern.
Lehnen Sie mit dem Rücken an eine Wand oder einen Türrahmen. Ihr Hinterkopf berührt die Wand und Ihre Füße stehen etwa 10 Zentimeter davon entfernt. Schieben Sie die Wirbelsäule an der Wand entlang abwärts, möglichst bis zur Sitzstellung. Danach schieben Sie sich wieder aufwärts.
Führen Sie diese Übung 5 Mal durch.

Phase II: Basistraining

1. Teil: Informationsaufnahme

Die beiden Linien

Sehen Sie sich bitte diese Zeichnung genau an. Welche Linie ist länger: die von **A** nach **C** oder die von **B** nach **C**? Entscheiden Sie sich möglichst schnell, aber benutzen Sie keine Hilfsmittel, z.B. Lineal oder ähnliches. Tasten Sie die Linien nur mit den Augen ab.

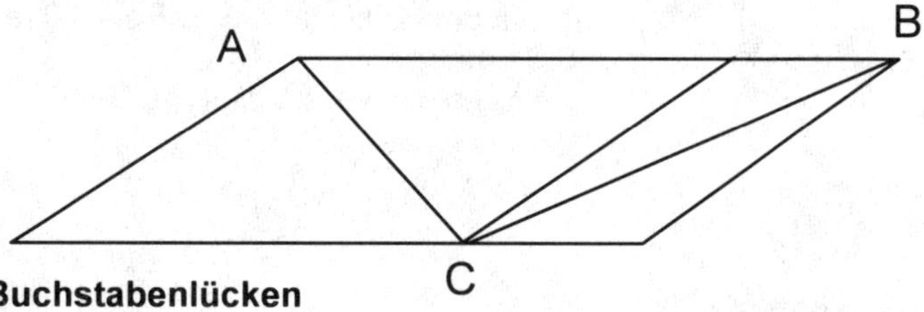

Buchstabenlücken

Bei diesem Spiel können Sie aus zwei vorgegebenen Buchstaben soviele Wörter wie möglich machen. Stellen Sie sich die beiden Buchstaben **R** und **M** als ein Wort vor, bei dem die Vokale (a, e, i, o, u), Umlaute (ä, ö, ü) und Doppellaute (au, ai, eu, ei) fehlen und jetzt ergänzt werden können. Zwei Beispiele geben wir Ihnen: "Irma, Rom"
Wie viele Wörter fallen Ihnen ein?
Das Spiel kann man auch zu zweit oder mit mehreren Personen spielen.
Vorgegeben sind die beiden obengenannten Buchstaben **R** und **M.**
Jetzt sind Sie an der Reihe:

Raum, Mauer, Arm, Meer,

Reim, Rum, Räume, Eimer, Maure

Arme, Omar,

1. Woche - 4. Übungstag

2. Teil: Informationsspeicherung

Vitamine
Schauen Sie sich diese Tabelle genau an, und prägen Sie sich ein, in welchen Lebensmitteln die jeweiligen Vitamine vorkommen.

Vitamine	Lebensmittel
A	Möhren, Aprikosen, grünes Gemüse
B-Gruppe	Milch, Hülsenfrüchte, Vollkorn
C	Zitrusfrüchte, Paprika, Erdbeeren
D	Lebertran, Milch, Eidotter
E	Pflanzenöl

Die Küche
Schauen Sie sich diese Küchenszene bitte 1 Minute sehr genau an. Danach blättern Sie weiter.

Phase II: Lösungen und Fortsetzung

Lösungen

Die beiden Linien
Die meisten Menschen halten die Linie von A nach C für die Längere, aber das ist nur eine optische Täuschung. In Wirklichkeit sind beide Linien gleich lang.
Messen Sie nach!

Buchstabenlücken
Hier sind einige Beispiele:
Raum, Arme, Arme, Armee, Aroma, Reim, Riem, Rum, ...

1. Woche - 4. Übungstag

Fortsetzung

Vitamine
Erinnern Sie sich, in welchen Lebensmitteln die Vitamine enthalten waren? Versuchen Sie, möglichst viele aufzuschreiben. Erst dann zum Vergleich zurückblättern.

Vitamine	Lebensmittel
A	Aprikose, Karotten, grünes Gemüse
B-Gruppe	Vollkorn, Hülsenfrüchte, Milch
C	Paprika, Zitrusfrüchte, Erdbeere
D	Milch, Eidotter, Lebertran
E	Pflanzenöl

Die Küche
Versuchen Sie bitte, diese Fragen aus dem Gedächtnis zu beantworten. Erst nach der letzten Frage zum Vergleich zurückblättern.

- Wo steht die Hausfrau?

vor dem Fenster

- Wohin schaut sie?

auf ihren Teig

- Was steht auf der Herdplatte?

nichts

- Wieviele Stühle befinden sich in der Küche?

2 Stühle

Phase III: Merk - Zettel

Wissenswertes

Internet
Unter Internet versteht man die netzähnliche Verkettung von Computern.
Das US-Verteidigungsministerium schuf 1969 ein nicht zentrales Computernetz, das "Arpanet", welches kurze Zeit später auch von wissenschaftlichen Einrichtungen zur schnellen Datenübermittlung genutzt wurde. Andere Computernetze verbanden sich mit dem "Arpanet". Die Verkettung der Netze wurde **Internet** genannt.
Heute besteht das Internet aus mehr als 90.000 Netzen in über 100 Staaten der Erde. Vom eigenen Computer aus kann man sich über eine Datenleitung, z.B. den häuslichen Telefonanschluß, in das Internet einwählen und sich so mit anderen Computern verständigen. Es besteht auch die Möglichkeit, angebotene Informationen abzurufen, z.B. die Seiten einer aktuellen Tageszeitung. Weiterhin kann man elektronisch Post versenden oder empfangen. Über eingetippte Texte kann man auch mit anderen Computerbesitzern zum gleichen Zeitpunkt Gespräche führen.

1. Woche - 4. Übungstag

Planungsbogen für den Tag **Datum:** 8.4.'02

Sie wollen sich etwas Sinnvolles vornehmen. An dieser Stelle können Sie täglich Ihr persönliches Tagesprogramm planen. Gehirn-Jogging sollten Sie immer zur selben Tageszeit machen. Tragen Sie alles ein, z.B. Arzttermine, Einkäufe, Verabredungen, Vorhaben, besondere Tagesziele wie z.B. den Volkshochschul-Plan holen und vieles andere mehr:

Vormittag: Lernen: TI: CISC/RISC + KOPR. 10⁰⁰-12⁰⁰ ✓

Gehirn-Jogging: 12⁰⁰-13⁰⁰ ✓

Nachmittag: 14⁰⁰-18⁰⁰ Lernen: TI: Übungsb. TI 2 1-6 ✓

+ kompl. Stoffwdhlg + PCI/ISA + Geräteverw.

Übungsklausur ✓

Abend: 18⁰⁰: Laufen gehen 3/4 Std ≈ 140 Puls ✓

Benjamin anrufen: Fragen PAL, Makrozelle, Übungsklausur ✓

Mein besonderes Tagesziel: ab 15⁰⁰ Uhr ✓

fast nichts mehr essen: nur wenig Kalorien

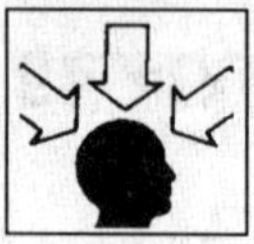

Phase III:

Merk-Zettel - Fragen zum Vortag

Wissenswertes

* In welches System werden Daten, wie Licht- und Schallwellen, Texte oder Temperaturen übersetzt?

* Wodurch erfolgt die Umwandlung dieser Daten?

* Wie erfolgt die Weiterleitung dieser Daten?

* Nennen Sie Anwendungsbereiche der Digital-Technik!

* Was ist ein binärer Code?

1. Woche - 4. Übungstag

Zum Tagesplan des Vortages

Haben Sie gestern Ihren Tagesplan eingehalten? Schreiben Sie hier bitte auf, was Sie gestern erledigt haben.

Vormittag:

Nachmittag:

Abend:

Mein besonderes Tagesziel war:

Phase IV: Denk - Mal

Knobelaufgaben

Spiel 24
kennen Sie ja jetzt schon, dann geht's gleich los.

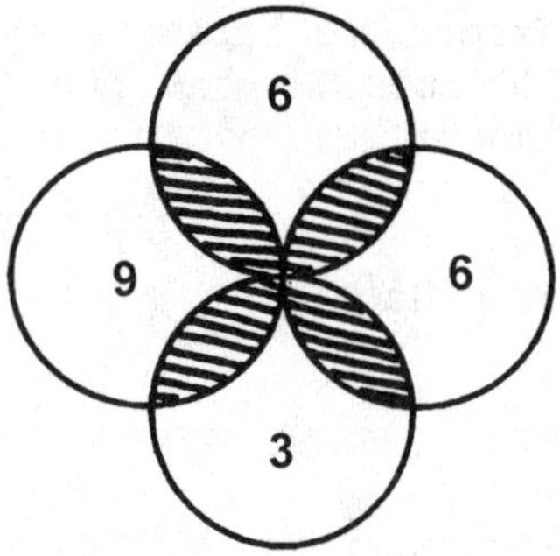

6+6+9+3=24

Magico
Hierbei wird nicht nur das mathematisch-logische Denkvermögen gefordert, sondern in erheblichem Maße das kreative Denken gefördert. Lassen Sie sich Zeit und gönnen Sie Ihren Gedanken Verschweifpausen, wenn Sie sich verrannt haben.

8	13	6	11
3	1	2	6
3	7	1	11
2	5	3	10
			13

Das Prinzip ist einfach: die Summe der drei einzutragenden Zahlen muß die Zahl ergeben, die am Rande steht. Wichtig ist, daß die eingetragenen Zahlen sowohl in der Waagerechten, in der Senkrechten, als auch in der Diagonalen die entsprechenden Zahlen ergeben.

1. Woche - 4. Übungstag

Tip des Tages

Treppen steigen

Mögen Sie Fahrstühle und Rolltreppen?
Das ist bequem, fördert aber nicht gerade Ihre Gesundheit. Mediziner behaupten, daß Menschen, die grundsätzlich auf diesen Komfort verzichten und statt dessen Treppensteigen, leben länger. Durch das Treppensteigen werden Herz und Kreislauf stärker gefordert und dadurch gestärkt. Denken Sie ab und zu Mal daran; oft hat man es ja gar nicht so eilig. Vielleicht finden Sie sogar Gefallen daran und suchen sich Ihre Einkaufsmöglichkeiten demnächst nur noch nach der Anzahl der Treppenstufen aus.

Lern-Strategie

Dramatisierung

Das Gedächtnis behält am besten Dinge, die sich durch ein dramatisches Ereignis oder Bild eingeprägt haben. Nutzen Sie diese Gedächtniseigenschaft, indem Sie sehr bewußt Dinge "dramatisieren". Wenn Sie sich einen Namen, Begriff o.ä. merken wollen, erzeugen Sie in Ihren Gedanken mit Hilfe des Kopf-Kinos ein lebendiges, plastisches, dramatisches Bild.

Phase IV: Lösungen und Denk - Netz

Lösungen der Knobelaufgaben

Hier ist die Lösung:

Spiel 24

6 - 9 - 6 - 3
6 : **3** = 2
2 x **9** = 18
18+ **6** = 24

Magico

8	13	6	11
3	1	2	6
3	7	1	11
2	5	3	10
			13

1. Woche - 4. Übungstag

Denk - Netz

Hier ist Platz für Ihr Denk-Netz zum "Wissenswerten“ aus dem Merk-Zettel von heute:

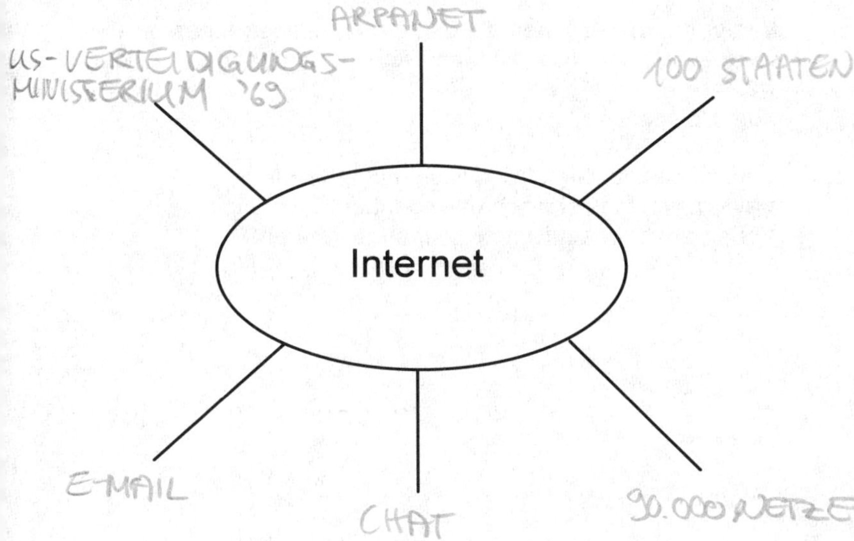

Kür-Phase V: Kopf-Kino

Führen Sie im Laufe des Tages Ihr Kopf-Kino-Programm durch, immer dann, wenn Sie Zeit und Lust dazu haben.

Phase I: Aufwärmübung

1. Teil: Atemtechnik

Vergessen Sie bitte nicht den Atem-Rhythmus:
6 Pulsschläge lang einatmen, 3 Pulsschläge lang die Luft anhalten, 6 ausatmen, 3 Pause und wieder langsam einatmen.
Wiederholen Sie diesen Atem-Rhythmus etwa 20 Mal.

Bisher haben wir Ihnen als Bild die anrollende Meereswelle vorgeschlagen. Sie können aber auch andere Bilder wählen.
Zum Beispiel:

* ein sich im leichten Wind wiegendes Kornfeld,
* einen sich majestätisch bewegenden Baumwipfel,
* oder langsam am Himmel ziehende Wolken.

1. Woche - 5. Übungstag

2. Teil: Gymnastische Übungen

Knie und Hüfte

Stellen Sie sich mit schulterbreit gegrätschten Beinen hin. Stützen Sie die Hände auf die Hüften.
Ziehen Sie Ihr rechtes Knie so hoch wie möglich und drehen es zur rechten Seite, so weit nach außen wie es geht. Das verbessert die Beweglichkeit der Hüften.
Üben Sie abwechselnd mit jedem Bein jeweils 5 Mal.

Isometrische Übung

Bauch und Taille

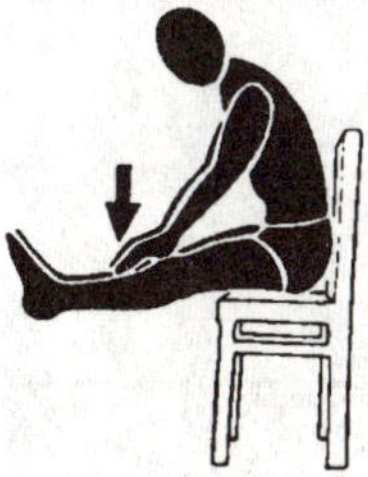

Setzen Sie sich aufrecht und weit nach hinten auf einen Stuhl. Strecken Sie die Beine gerade und heben Sie diese in einem 90 Grad-Winkel hoch.
Nun legen Sie die Hände auf die Schienbeine und versuchen Sie, mit den Händen die Beine nach unten zu drücken. Die Beine müssen dem Druck standhalten.

Phase II: Basistraining

1. Teil: Informationsaufnahme

Buchstaben zählen

Bei dieser Konzentrationsübung versuchen Sie bitte, ganz schnell die Anzahl der Buchstaben zu zählen. Aber nur mit den Augen! Benutzen sie keine Hilfsmittel, Kugelschreiber, Bleistift, Finger oder ähnliches.
Notieren Sie bitte die Anzahl der Buchstaben:

1. cccccccc ____
2. ssssssssss ____
3. uuuuuuuu ____
4. iiiiiiiii ____
5. mmmmmmmmmm ____
6. ttttttttttt ____
7. wwwwwwww ____
8. rrrrrrrrrr ____

Die Eiche

Die Abbildung zeigt eine Eiche im Winter. Daneben sehen Sie vier Ausschnitte aus Bäumen. Welcher davon gehört zu der Eiche?

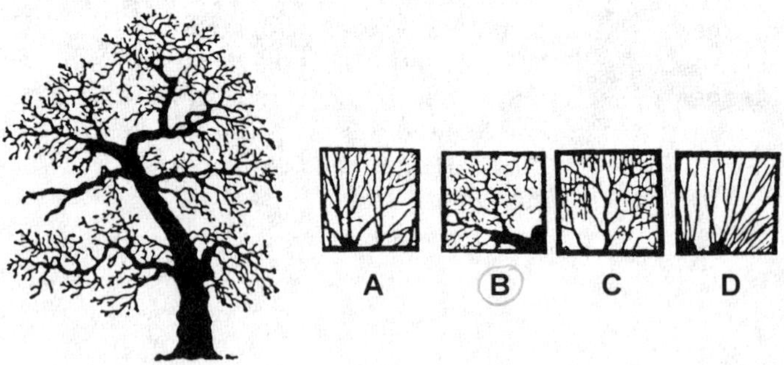

1. Woche - 5. Übungstag

2. Teil: Informationsspeicherung

Postleitzahlen
Prägen Sie sich bitte die Postleitzahlen folgender Orte ein:

49504 Lotte	23749 Grube	56472 Hahn
56858 Hähnchen	54552 Boxberg	15320 Horst

Zahlenintervall-Training
Sie lesen eine Zahl, die Sie sich merken sollen. Zwischendurch lösen Sie eine einfache Rechenaufgabe und sagen dann die gemerkte Zahl laut auf.
Die Merke-Zahl müssen Sie schon abdecken, während Sie rechnen.
Merken: 1734
Rechnen: 12 x 2
Zahl wiederholen und los geht's!

Merken: 1294
Rechnen: 24 x 4
Merken: 13.596
Rechnen: 4 x 4
Merken: 12.546
Rechnen: 5 x 12
Merken: 23.947
Rechnen: 15 - 3
Merken: 15.294.94

Phase II: Lösungen und Fortsetzung

Lösungen

Buchstaben zählen

So häufig waren diese Buchstaben:

1. c: 8
2. s: 10
3. u: 8
4. i: 9
5. m: 10
6. t: 11
7. w: 8
8. r: 10

Die Eiche

Der Ausschnitt B gehört zur Eiche. Er ist an der richtigen Stelle eingezeichnet.

1. Woche - 5. Übungstag

Fortsetzung ✓

Postleitzahlen

Schreiben Sie bitte hier die Postleitzahlen der Orte auf:

49504 Lotte	23749 Grube	56472 Hahn
56858 Hähnchen	54552 Boxberg	15320 Horst

Phase III: Merk - Zettel

Wissenswertes

Fax
Mit einem an das Telefonnetz angeschlossenen Fax-Gerät kann man die exakte Kopie eines Dokumentes oder eines Bildes innerhalb von Sekunden um die Welt schicken. Fax ist die Kurzform für Faksimile-Übertragung. Wegen der schnellen und unkomplizierten Übermittlungsform sind Fax-Geräte heute weltweit verbreitet. 1990 waren allein in der Bundesrepublik Deutschland mehr als 500 000 Geräte in Betrieb.
Fax-Übertragungen kosten soviel wie normale Telefongespräche. Doch die Information wird viel schneller gesendet, als man sie sprechen könnte. Automatische Geräte können rund um die Uhr empfangen. Man kann sie auch so programmieren, daß sie Dokumente nach den Bürozeiten verschicken, wenn billigere Telefontarife gelten. Mit bestimmten Geräten ist es sogar möglich, dasselbe Dokument nacheinander verschiedenen Empfängern zu übermitteln.
Die Text- oder Bildvorlage wird an einer Lichtquelle vorbeigeführt. Die Vorlage reflektiert das Licht, das man über Spiegel durch eine Linse zu einer Vorrichtung lenkt. Diese besteht aus Tausenden kleiner Zellen. Sie wandeln die Lichtimpulse in elektrischen Strom um. Die Stromspannung schwankt entsprechend der Lichtstärke, die jede Zelle aufnimmt. Die unterschiedlichen Spannungswerte werden in digitale Signale umgeformt und einem sogenannten Modem zugeleitet. Das Modem verbindet die Signale mit einer elektrischen Trägerwelle, die man ins Telefonnetz einspeist.

1. Woche - 5. Übungstag

Planungsbogen für den Tag **Datum:** 11.4.02

Wie gewohnt ist diese Seite reserviert für Ihre persönliche Tagesplanung. Nutzen Sie den Platz. Es macht Spaß, einen Tag zu gestalten und sich Ziele zu stecken.

Vormittag:

Nachmittag: ≈ 15^{00} Personalausweis abholen, Ina Geschenk
Sebastian anrufen, Rasieren + Schaum
17^{00} Kaffee ??? + Lesen

Abend: 18^{00} Krafttraining leicht
19^{00} – 21^{00} Uhr zeichnen,
21^{00} Uhr lesen PoE

Mein besonderes Tagesziel: Ab 15^{00} nur noch Obst zu essen

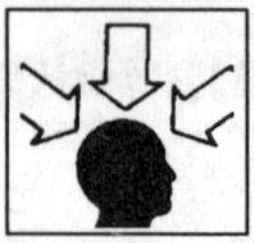

Phase III:

Merk-Zettel - Fragen zum Vortag

Wissenswertes

* Was versteht man unter Internet?

____

____

* Wer schuf wann ein dezentrales Computernetz?

US-Verteidigungsministerium

ARPANET

* Welche Voraussetzung braucht man, um sich ins Internet einzuklicken?

Telefonanschluss, Browser, PC,

Modem

____

* Nennen Sie Anwendungsbereiche des Internet!

____

____

____

1. Woche - 5. Übungstag

Zum Tagesplan des Vortages

Haben Sie gestern Ihren Tagesplan eingehalten? Schreiben Sie hier bitte auf, was Sie gestern erledigt haben.

Vormittag:

Nachmittag:

Abend:

Mein besonderes Tagesziel war:

Phase IV: Denk - Mal

Knobelaufgaben ✓

Spiel 24
Hier sind die Zahlen des heutigen Tages:

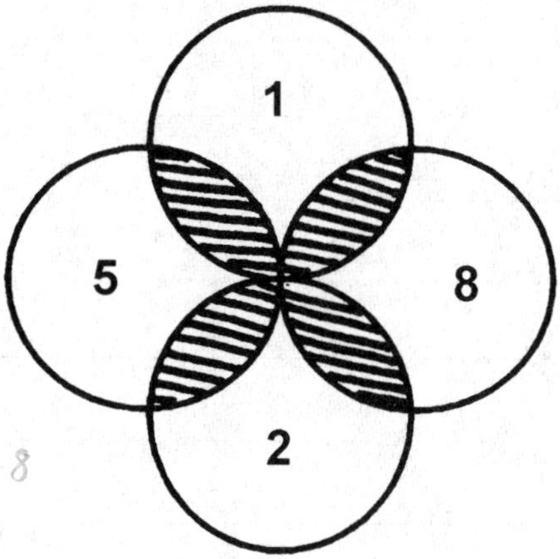

((5:1)-2)·8

Die Golddukaten
Von 9 Golddukaten ist einer leider unecht. Äußerlich sehen alle gleich aus. Die Fälschung ist aber etwas leichter als die anderen, echten Dukaten.
Um den falschen Dukaten zu entlarven, steht Ihnen eine Balkenwaage zur Verfügung. Wie können Sie durch nur dreimaliges Wiegen die leichtere Münze herausfinden?

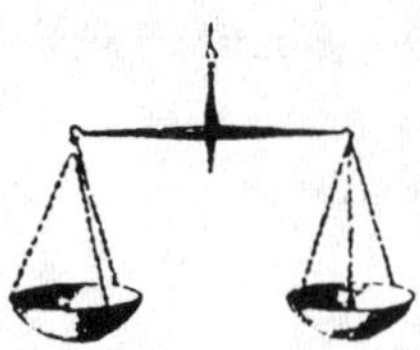

4 4 gleich → fehlt
schwerer → andere
4 fallen weg
2 2
schwerer → andere
2 fallen weg
1 1 gefunden

1. Woche - 5. Übungstag

Tip des Tages

Nachbarn einladen
Früher war alles schöner und besser - glauben zumindest viele Leute. Aber in einem Punkt mag dies zutreffen. Früher gab es eine aktive Nachbarschaft.
In vielen modernen Wohnhäusern leben oft sehr viele Menschen, die sich gar nicht oder zumindest nur sehr flüchtig kennen. Gibt es in Ihrer Nachbarschaft Menschen, die Sie nur vom Sehen kennen, die Sie aber einfach sympathisch oder interessant finden? Sprechen Sie sie doch mal an. Es gibt viele Situationen, in denen ein bißchen Zeit für eine Unterhaltung da ist. Oder laden Sie Ihre Nachbarn einfach ein. Es macht Spaß, neue Leute kennenzulernen. Und bei der nächsten Begegnung im Hausflur oder auf der Straße ist ein freundliches bekanntes Lächeln ein schönes Geschenk für den Tag.

Lern-Strategie

Ort und Zeit
Wenn Sie Gehirn-Jogging-Übungen machen oder z.B. eine Fremdsprache o.ä. lernen wollen, dann geht das am besten zu einer bestimmten Tageszeit und möglichst am immer gleichen Ort. Finden Sie für sich heraus, wo und wann Sie am besten lernen können. Bei den meisten Menschen ist das Gehirn vormittags am leistungs- und aufnahmefähigsten.

Phase IV: Lösungen und Denk - Netz

Lösungen der Knobelaufgaben

Hier ist die Lösung:

Spiel 24

1 - 5 - 2 - 8
5 - **2** = 3
3 x **1** = 3
3 x **8** = 24

Die Golddukaten
Legen Sie in jede Waagschale je 3 Dukaten. Halten sie sich die Waage, so muß die Fälschung unter den drei restlichen Dukaten zu finden sein. Mit einer zweiten Wiegung läßt sich das aber leicht herausfinden.
Ist aber beim ersten Wiegen eine Schale leichter, so ist die Fälschung unter diesen dreien zu suchen. Beim zweiten Wiegen nehmen Sie dann zwei von diesen 3 Dukaten. Halten Sie sich die Waage, so ist der beiseitegelegte dritte aus der Schale der falsche Dukat. Halten sie sich nicht die Waage, so ist der Leichtere die Fälschung.

1. Woche - 5. Übungstag

Denk - Netz

Hier ist Platz für Ihr Denk-Netz zum "Wissenswerten" aus dem Merk-Zettel von heute.

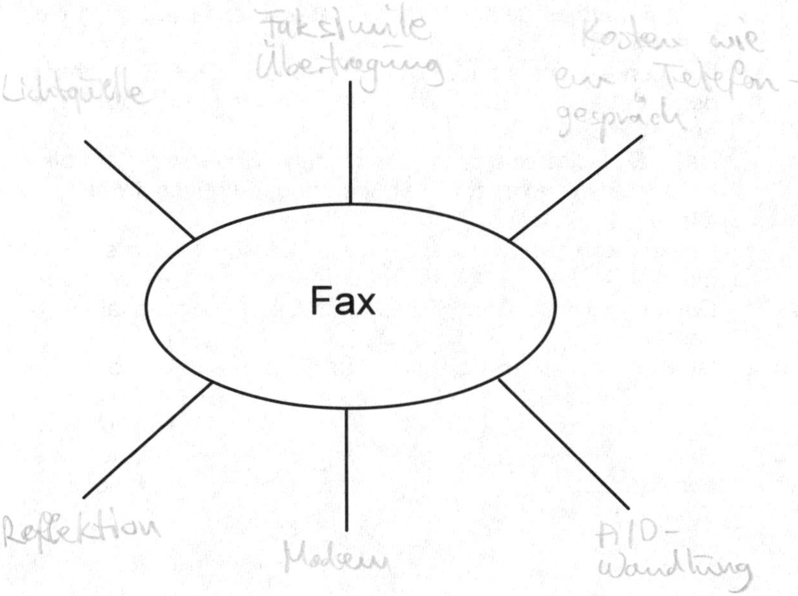

Kür-Phase V: Kopf-Kino

Führen Sie im Laufe des Tages Ihr Kopf-Kino-Programm durch, immer dann, wenn Sie Zeit und Lust dazu haben.

Phase I: Aufwärmübung

1. Teil: Atemtechnik

Die Atemübungen werden in jedem Wochenprogramm und an jedem Tag wiederholt, weil sie so wichtig sind:

Beim Einatmen gelangt frische, sauerstoffhaltige Luft in die Lungen.
Die Lungen sorgen für einen Austausch: Das Blut nimmt den Sauerstoff auf und gibt Kohlendioxid ab, das ausgeatmet wird.
Das Blut transportiert dann den Sauerstoff in alle Körperzellen, wo er zur Energieerzeugung benötigt wird.

1. Woche - 6. Übungstag

2. Teil: Gymnastische Übungen

Einseitiges Beinheben

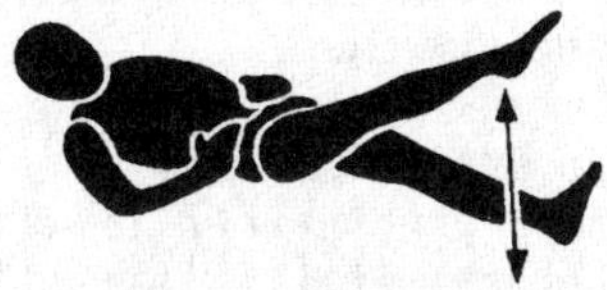

Eine Übung aus dem Yogabereich, die Bauch- und Beckenmuskulatur kräftigt, die inneren Organe belebt, den Unterleib durchblutet sowie den Rücken stärkt.
Legen Sie sich auf den Rücken, Arme und Beine sind entspannt. Sie können Ihre Hände auch auf das Becken legen. Während Sie ausatmen, heben Sie gleichzeitig langsam und bedacht ein Bein hoch. Mit dem Ihnen bekannten Atem-Rhythmus heben und senken Sie bewußt ein Bein nach dem anderen.
Ausatmen - Bein heben
Einatmen - Bein senken
Wiederholen Sie 10 Mal pro Bein.

Isometrische Übung

Vierfüßlerstand
Heute eine Übung zur Kräftigung der Gesäß- und Rückenmuskulatur und zur Schulung des Gleichgewichtssinns.
Stützen Sie sich auf Händen und Knien und halten Sie den Rücken durch Anspannung von Bauch- und Rückenmuskulatur gerade.
Nun strecken Sie wechselseitig jeweils ein Bein nach hinten weg. Die Zehen sollten dabei herangezogen und der Kopf nach vorne geschoben werden. Die Beine nicht höher als bis zur Waagerechten bringen.

Phase II: Basistraining

1. Teil: Informationsaufnahme

f - suchen
Versuchen Sie bitte so schnell wie möglich, alle f anzustreichen:

t j l f t f l j t l j f l t f j f f t l f t j f l t
f t j l t j l f t l j t l f l f f t l f t l f j t l
t f l j f t l j f t j l t f f l t f j l j t l j f t
t f j l t j t f l j f l t j f l l l j t f j l t j t l
f j l f j l l j l l j f l f t l t j t f l f j l j f j
l f j l t t l f j t l f j f t l j t f l t f l t j f l
j t l f l t j t t f l j t f l j t l j t l f l t f l t f
t j l t j f t l t f j l t f j f t l t f j l t f l t f

Spiegelbild
Versuchen Sie bitte, unter der Linie das Spiegelbild der Figur zu zeichnen.

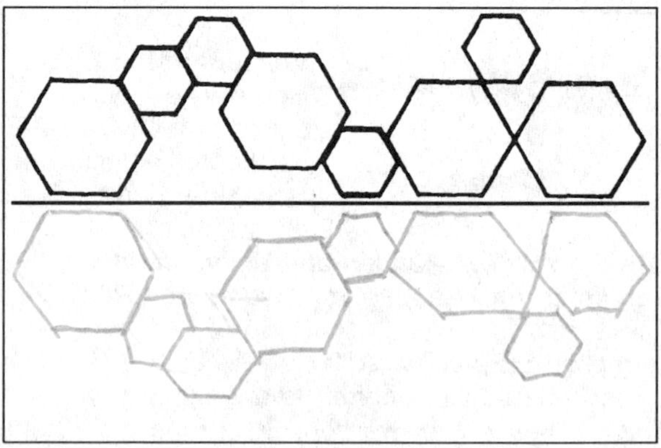

1. Woche - 6. Übungstag

2. Teil: Informationsspeicherung

Maler

Prägen Sie sich bitte die Namen und Lebensdaten dieser Maler ein. Dann blättern Sie bitte um.

Pablo Picasso	1881 - 1973
Claude Monet	1840 - 1926
Rembrandt	1606 - 1669
Vincent van Gogh	1853 - 1890
Auguste Renoir	1841 - 1919

Gesichter und Namen

Merken Sie sich bitte die Gesichter und die Namen.

Sophie Klobick

Ruth Dagen

Anna Möller

Ute Schuberth

Paula Aneritzky

Annette Julich

Phase II: Lösungen und Fortsetzung

Lösungen

f - suchen

t j l f t f l j t l j f l t f j f f t l f t j f l t
f t j l t j l f t l j t l f l f f t l f t l f j t l
t f l j f t l j f t j l t f f l t f j l j t l j f t
t f j l t j t f l j f l t j f l l l j t f j l t j t l
f j l f j l l j l l j f l f t l t j t f l f j l j f j
l f j l t t l f j t l f j f t l j t f l t f l t j f l
j t l f l t j t t f l j t f l j t l j t l f l t f l t f
t j l t j f t l t f j l t f j f t l t f j l t f l t f

Spiegelbild

So sieht das Spiegelbild der Figur aus:

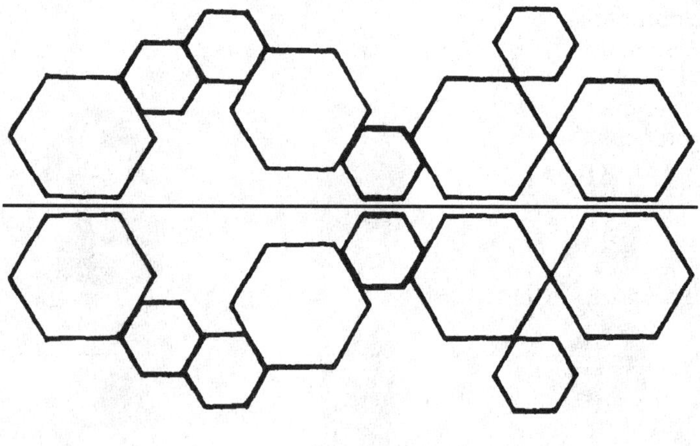

1. Woche - 6. Übungstag

Fortsetzung

Maler
Ergänzen Sie bitte die fehlenden Namen und Daten. Erst dann zur Kontrolle zurückblättern. -

Pablo Picasso 1881 - 1973

Claude Monet 1840 - 1926

Rembrandt 1606 - 1669

Vincent Van Gogh 1853 - 1890

Auguste Renoir 1841 - 1919

Versuchen Sie auch, die Maler nach ihrem Alter zu ordnen.

Gesichter und Namen
Hier ist die Reihenfolge der Gesichter vertauscht.
Versuchen Sie aus dem Gedächtnis, die richtigen Namen unter die Gesichter zu schreiben. Erst zuletzt zur Kontrolle zurückblättern.

Paula Aneritzky

Ute Schuberth

Ruth Dagen

Sophie Klobick

Annette Jülich

Anna Möller

Phase III: Merk - Zettel

Wissenswertes

Strichcode im Supermarkt

Für jeden erfolgsorientierten Geschäftsmann ist das Wissen darüber, welche seiner Artikel sich gut verkaufen und welche schlecht gehen, von enormer Bedeutung. Je nachdem wird er seinen Lagerbestand wieder aufstocken oder einen Artikel auslaufen lassen. In einem Tante-Emma-Laden mögen eine ordentliche Buchführung und ein regelmäßiger Blick in die Regale die nötigen Informationen liefern. Supermärkte und große Warenhäuser brauchen jedoch rasche und genaue Daten über einen wesentlich umfangreicheren Warenumsatz und entsprechende Lagerbestände.

Hier helfen ihnen die auf die Verpackung gedruckten Strichcodes. Das sind Folgen paralleler Striche auf weißem oder hellem Untergrund, die einen Zahlencode symbolisieren.

Ein solcher Code wird von einem Laserabtaster (Scanner) gelesen. Das geschieht, indem ein Lichtstrahl die Anzahl und Breite der Striche von einem Ende zum anderen abtastet. Die so erfaßte Information wird dann in Zahlensignale umgesetzt und einem Computer zugeleitet.

Der Code enthält Erzeugerangaben über das Produkt und die Verpackung und eine Sicherheitsfunktion, die eine unbefugte Änderung oder falsche Scannerablesung verhindert.

Die Ergebnisse der Lichtabtastung werden dann einem Computer zugeleitet. Der holt dann die darin enthaltenen Produktinformationen, z.B. den Preis des Artikels, aus einer Datei und gibt sie an die Registrierkasse weiter. Hier kann die Rechnung ausgedruckt werden, ohne daß es Mißverständnisse oder Fehler gibt. Gleichzeitig werden die Angaben in einer anderen Datei für die Lagerhaltung verzeichnet.

1. Woche - 6. Übungstag

Planungsbogen für den Tag   Datum:

Wissen Sie schon, was Sie an einem so schönen Tag wie heute alles unternehmen wollen?
Hier haben Sie Platz, zu planen und zu koordinieren.

Vormittag:

Nachmittag:

Abend:

Mein besonderes Tagesziel:

Phase III:
Merk-Zettel - Fragen zum Vortag

Wissenswertes

* Wozu wird ein Fax-Gerät benutzt?

* Welche Vorteile bietet ein Fax-Gerät im Vergleich mit einem Telefon?

* Nach welchem Prinzip funktioniert ein Fax-Gerät?

* Für welchen Begriff ist Fax die Kurzform?

1. Woche - 6. Übungstag

Zum Tagesplan des Vortages

Haben Sie gestern Ihren Tagesplan eingehalten?
Schreiben Sie hier bitte auf, was Sie gestern erledigt haben.

Vormittag:

Nachmittag:

Abend:

Mein besonderes Tagesziel war:

Phase IV: Denk - Mal

Knobelaufgaben

Spiel 24

Na, wird es Ihnen schon zu leicht?

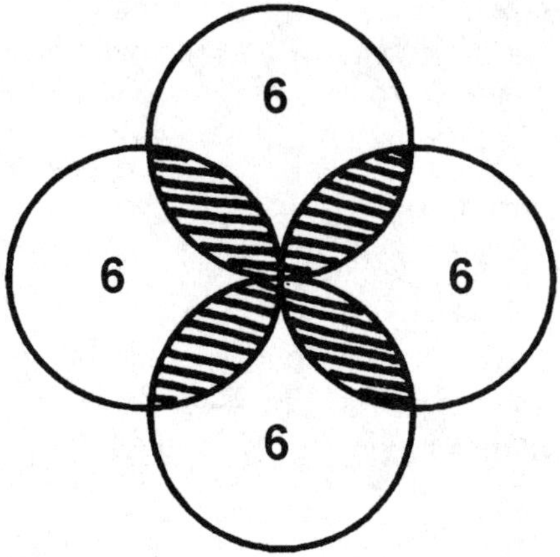

Die 4 Schwestern und die 8 Obstbäume

Es gab einmal 4 Schwestern, die haben sich gemeinsam einen Garten gekauft, in dem 8 große und alte Obstbäume stehen, die natürlich nicht mehr verpflanzt werden können. Sie wollen den Garten schwesterlich aufteilen, so daß jede ein Stück Land gleicher Form und Größe erhält, mit jeweils 2 Obstbäumen darauf.
Wie muß die Aufteilung erfolgen?

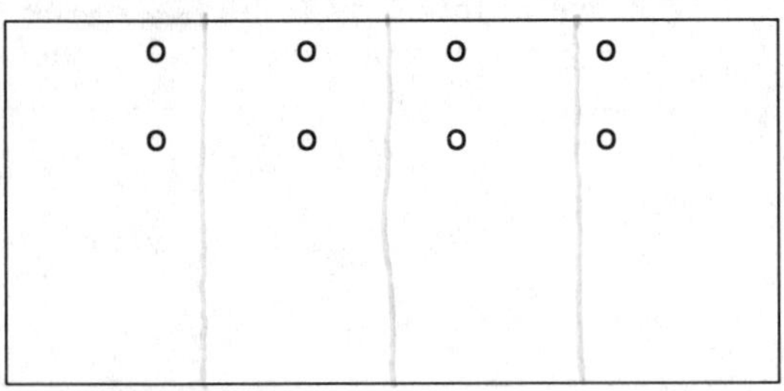

1. Woche - 6. Übungstag

Tip des Tages

Kino

Wie lange waren Sie schon nicht mehr im Kino?
Charlie Chaplin oder Greta Garbo sind zwar nicht mehr so ganz aktuell, aber auch heute gibt es sehr schöne Filme. Schauen Sie sich in den Zeitungen doch mal die Filmkritiken an, oder fragen Sie Bekannte nach einem Flimtip. Sie finden bestimmt etwas Interessantes.
Oder besuchen Sie mal wieder eine Theatervorstellung, ein Konzert oder gehen Sie in die Oper. Das ist nicht nur etwas für die "Oberen Zehntausend"!
Wenn Sie Freunde oder Bekannte finden, die mitgehen, macht es noch viel mehr Spaß. Außerdem können Sie dann anschließend mit jemandem darüber sprechen, das Erlebnis gemeinsam genießen.

Lern-Strategie

Achten Sie auf die Mitte

Wenn Sie Listen von Wörtern, Namen oder Zahlen o.ä. auswendig lernen wollen, dann werden Sie den Anfang und das Ende viel leichter behalten als die Mitte. Diese wird leider recht schnell wieder vergessen.
Konzentrieren Sie sich deshalb beim Einprägen einer Liste vor allem auf die Mitte - Anfang und Ende behalten Sie dann fast wie von selbst.

Phase IV: Lösungen und Denk - Netz

Lösungen der Knobelaufgaben

Hier ist die Lösung:

Spiel 24

6 - 6 - 6 - 6
6 + **6** = 12
12 + **6** = 18
18 + **6** = 24

Die 4 Schwestern und die 8 Obstbäume
Die Aufteilung muß so erfolgen:

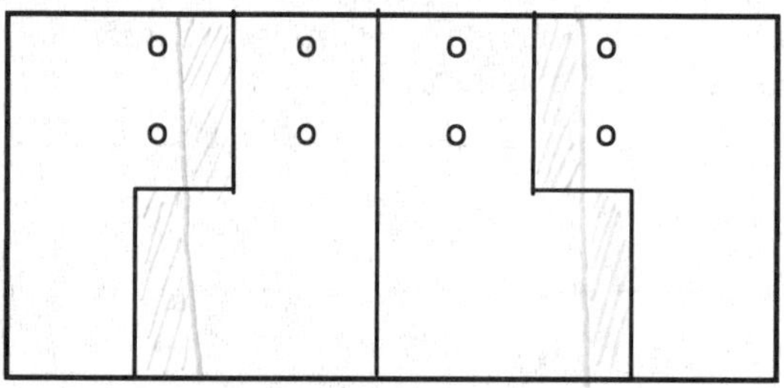

1. Woche - 6. Übungstag

Denk - Netz

Hier ist Platz für Ihr Denk-Netz zum "Wissenswerten“ aus dem Merk-Zettel von heute.

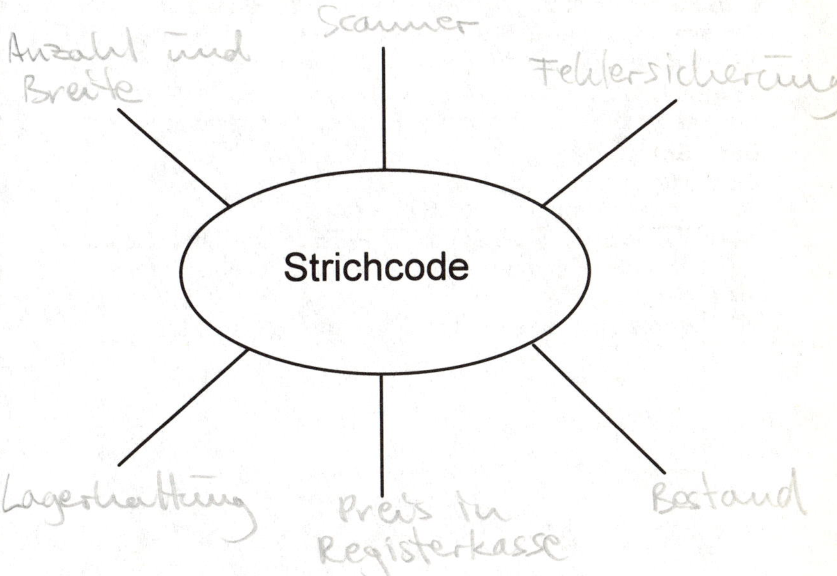

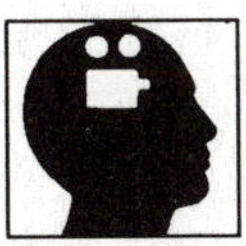

Kür-Phase V: Kopf-Kino

Führen Sie im Laufe des Tages Ihr Kopf-Kino-Programm durch, immer dann, wenn Sie Zeit und Lust dazu haben.

Phase I: Aufwärmübung

1. Teil: Atemtechnik

Bewußtes und intensives Atmen ist notwendig, weil es die Sauerstoffaufnahme und die Energiegewinnung erleichtert. Gleichzeitig wirkt dieses verlangsamte Atmen aber auch beruhigend und entspannend.
Diesen Entspannungs-Effekt können Sie verstärken, wenn Sie sich mit dem Kopf-Kino ein Bild vorstellen. Suchen Sie sich ein Bild aus, das Ihnen gefällt. Die Meereswellen, das Kornfeld, die Baumwipfel oder die ziehenden Wolken sind nur Vorschläge, um Ihnen den Einstieg zu erleichtern.

Den Atemrhythmus kennen Sie ja schon:
6 Pulsschläge lang einatmen, 3 Pulsschläge lang die Luft anhalten, 6 ausatmen, 3 Pause und wieder langsam einatmen.
Wiederholen Sie diesen Atem-Rhythmus etwa 20 Mal.

1. Woche - 7. Übungstag

2. Teil: Gymnastische Übungen

Steigen über ein Handtuch

Nehmen Sie sich ein Handtuch und umgreifen Sie es in einem Abstand von ca. 60 cm. Steigen Sie über das möglichst straff gespannte Handtuch erst mit dem einen, dann mit dem anderen Bein. Und wieder zurück.
Wiederholen Sie die Übung 8 bis 10 Mal.

Isometrische Übung

Rumpfbeuge liegend-seitwärts

Legen Sie sich auf die rechte Seite. Schieben Sie den rechten Arm unter den Kopf, und stützen Sie sich mit dem linken Arm auf den Boden. Versuchen Sie nun, beide Beine geschlossen etwa 10 Zentimeter vom Boden abzuheben. Zählen Sie dabei bis 6, und senken Sie dann die Beine wieder ab.

Wiederholen Sie diese Übung 3 Mal. Danach drehen Sie sich auf die linke Seite und führen die Übung durch.

Phase II: Basistraining

1. Teil: Informationsaufnahme

Die versteckten Zahlen

"Ein so schöner Tag ist heute", sagte Franz. "Weil es heut so schön ist und außerdem Mittwoch, geh ich in den Zoo. Ich hab ein paar Mark, das wird reichen."
Franz fuhr mit dem Bus zum Zooviertel. Dort stieg er aus, marschierte zur Kasse, die 50 Meter vor dem eigentlichen Eingang lag. Zuerst schaute sich Franz im Schlangenhaus Echsen an. Ein Wärter brachte den Tieren gerade neuen Sand. Er schüttelte ihn dabei durch ein großes Sieb.
"Entweder geh ich jetzt zum Affenhaus", dachte Franz, "oder ich schaue mir hier noch eine Unke an."
Bei den Affen war es lustig. Ein Schimpanse putzte sich einen Zehnagel. Ein anderer turnte wild auf der Schaukel.
"Fällt der nie herunter?" fragte ein kleiner Bub neben Franz. "Wölfe können so etwas aber nicht? Oder doch?"
"Das können nur die Affen", sagte Franz freundlich und ging weiter.
Als Franz am Abend nach Hause kam, erzählte er seiner Mutter von den Tieren, die er im Zoo gesehen hatte.
"Wieviele Tiere hast du dir denn angeschaut?" wollte die Mutter wissen.
"Das weiß ich nicht mehr", sagte Franz und dachte scharf nach.

Wenn Sie die Geschichte genau durchlesen, finden Sie verschiedene Zahlwörter versteckt (achten Sie auch auf die Endbuchstaben des einen und die Anfangsbuchstaben des folgenden Wortes!). Addieren Sie diese Zahlen, wissen Sie, wieviele Tiere Franz im Zoo gesehen hat.

1. Woche - 7. Übungstag

2. Teil: Informationsspeicherung

Auto-Kennzeichen
Versuchen Sie bitte, sich die folgenden Auto-Kennzeichen zu merken:

KF - DE 261　　　**RH - G 388**　　　**MI - OU 720**

Blättern Sie jetzt bitte um.

Dreiecke
Versuchen Sie bitte, sich die Lage und Größe der Dreiecke zu merken. Dann können Sie umblättern.

Phase II: Lösungen und Fortsetzung

Lösungen

Die versteckten Zahlen

Antwort: 123

1. Woche - 7. Übungstag

Fortsetzung

Auto-Kennzeichen
Nun müßte Ihr Kurzzeitgedächnis bestens aktiviert sein. Erinnern Sie sich noch an die Auto-Kennzeichen? Schreiben Sie diese bitte in das Kästchen:

KF-DE 261 RH-G388 MI-OU720

Dreiecke
Erinnern Sie sich noch an die Dreiecke? Dann zeichnen Sie sie bitte aus dem Kopf in dieses Kästchen!

Phase III: Merk - Zettel

Wissenswertes

Geld von Plastikkarten

Wenn man eine Kreditkarte in einen Geldautomaten schiebt, dann prüft ein Lesegerät den dunkelbraunen Magnetstreifen an der Unterseite der Karte. Er weist drei Spuren mit bis zu 226 Buchstaben oder Ziffern auf. Eine Spur speichert die Kontonummer, eine zweite das Verfügungslimit und die letzte enthält die persönliche Geheimnummer.

Hat man die korrekte Nummer auf der Tastatur eingetippt, kontrolliert der Automat, ob man sein Verfügungslimit überschritten hat oder die Karte als verloren oder gestohlen gemeldet ist. Der Automat ist mit dem zentralen Bankcomputer verbunden. Erst wenn dieser bestätigt, daß alles in Ordnung ist, bucht er den Auszahlungsbetrag vom Kontoguthaben ab.

Telefonkarten funktionieren nach demselben Prinzip. In einem öffentlichen Fernsprecher erfaßt ein Lesekopf die auf der Karte noch vorhandenen Einheiten und bucht sie für ein Telefongespräch ab.

Herkömmliche Münzautomaten, etwa für Getränke oder Zigaretten, werden dem Verbraucher wohl nicht mehr lange dienen. Elektronische Verkaufsautomaten, die nur noch Plastikgeld annehmen, werden sie in Zukunft ersetzen.

1. Woche - 7. Übungstag

Planungsbogen für den Tag **Datum:** 10. Mai '02

Sie haben bestimmt keine Langeweile am heutigen Tag. Sollten Sie doch noch etwas Zeit übrig haben, schauen Sie sich doch mal unseren Tip des Tages an!

Vormittag: Design Pattern 10°° - 12°°

Nachmittag: For You (Antrag)

14[45] Kathi Geburtstag

Abend: 19°° Handball-Besprechung Schimmel

Makatuna ???

Mein besonderes Tagesziel: ab 15°°

nichts mehr Essen

Phase III:

Merk-Zettel - Fragen zum Vortag

Wissenswertes

* Welchen Vorteil bietet der Strichcode für größere Supermärkte oder Warenhäuser?

* Was symbolisieren die parallelen Striche?

* Wie wird der Code entziffert?

* Welche Informationen enthält der Code?

1. Woche - 7. Übungstag

Zum Tagesplan des Vortages

Haben Sie gestern Ihren Tagesplan eingehalten? Schreiben Sie hier bitte auf, was Sie gestern erledigt haben.

Vormittag:

Nachmittag:

Abend:

Mein besonderes Tagesziel war:

Phase IV: Denk - Mal

Knobelaufgaben

Spiel 24

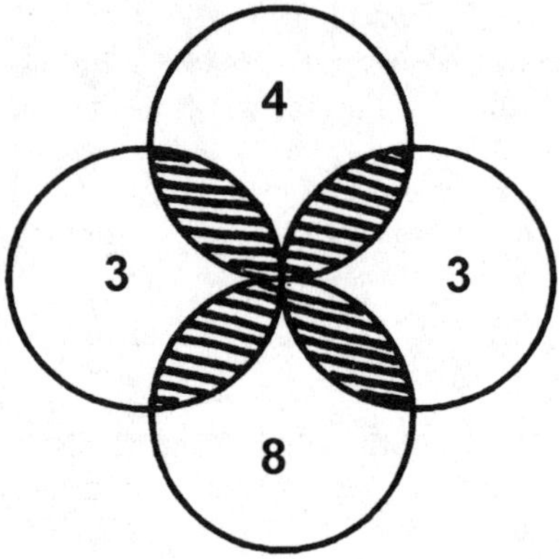

Zigarettenkippen

Herr Meier ist ein sparsamer Mensch. Er sammelt Zigarettenkippen und dreht sich daraus Zigaretten. Für jeweils eine Zigarette braucht er 6 Kippen. 36 hat er schon gesammelt. Wie viele Zigaretten kann er aus den Kippen drehen?

1. Woche - 7. Übungstag

Tip des Tages

Tagebuch
Erinnern Sie sich noch an Ihre Jugendzeit? Vielleicht haben Sie ja zu der Zeit schon mal ein Tagebuch geführt und festgestellt, daß man Ereignisse und Gefühle besser einschätzen kann und an Klarheit gewinnt, wenn man versucht, sie in Worte zu fassen. Schöne Erlebnisse können so nochmal intensiv durchlebt werden.
Führen Sie mal wieder Tagebuch! Schreiben Sie alles hinein, was Sie am Tag erlebt, gemacht, gesehen, gehört, gefühlt und gedacht haben.
Vielleicht fangen Sie sogar an, Ihre eigene persönliche Lebensgeschichte aufzuschreiben. Berühmte, bekannte Leute machen das auch und nennen es "Memoiren". Dies französische Wort bedeutet Lebenserinnerungen.

Lern-Strategie

Bewegung
Menschen haben einen natürlichen Bewegungsdrang. "Stillsitzen" und pauken wie in der Schule widerspricht der Natur und behindert optimales Lernen.
Wenn Sie z.B. eine Fremdsprache lernen, oder eine Rede, ein Gedicht, ein Lied oder einen Witz auswendig behalten wollen, dann folgen Sie Ihrem Bewegungsdrang, indem Sie spazieren gehen oder in der Wohnung auf und ab laufen.

Phase IV: Lösungen und Denk - Netz

Lösungen der Knobelaufgaben

Hier ist die Lösung:

Spiel 24
4 - 3 - 3 - 8
4 - **3** = 1
1 x **3** = 3
3 x **8** = 24

Zigarettenkippen
Aus den 36 Kippen kann er 6 Zigaretten drehen. Da er ja sehr sparsam ist, hebt er diese Kippen natürlich auch auf. Aus den 6 Kippen kann er eine weitere Zigarette drehen. Insgesamt hat er also aus den 36 Kippen 7 Zigaretten gemacht.

Aber Achtung!!!: Der Bundesminister für Gesundheit warnt:
RAUCHEN SCHADET IHRER GESUNDHEIT

1. Woche - 7. Übungstag

Denk - Netz

Hier ist Platz für Ihr Denk-Netz zum "Wissenswerten" aus dem Merk-Zettel von heute.

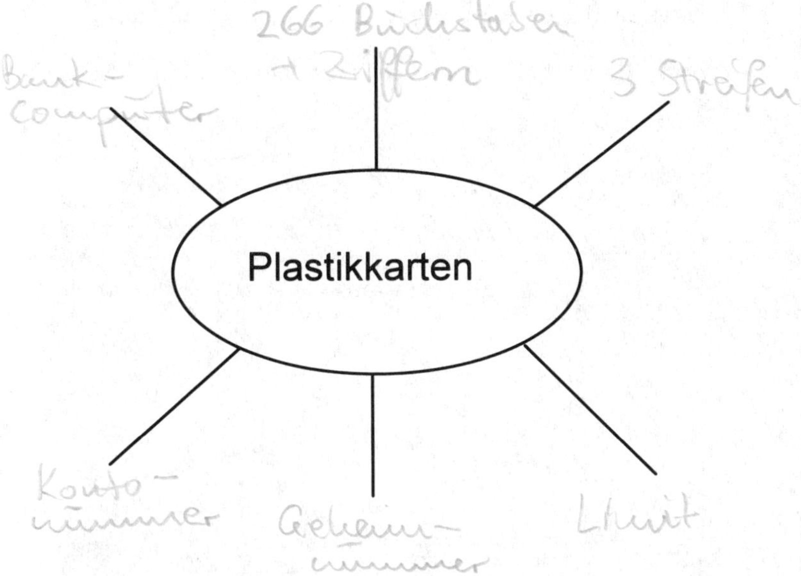

Kür-Phase V: Kopf-Kino

Führen Sie im Laufe des Tages Ihr Kopf-Kino-Programm durch, immer dann, wenn Sie Zeit und Lust dazu haben.

Phase I: Aufwärmübung

1. Teil: Atemtechnik

Denken Sie bitte an den Atem-Rhythmus:
6 Pulsschläge lang einatmen, 3 Pulsschläge lang die Luft anhalten, 6 ausatmen, 3 Pause und wieder langsam einatmen.
Wiederholen Sie diesen Atem-Rhythmus etwa 20 Mal.

Stellen Sie sich langsam anrollende, riesige Meereswellen vor.

2. Woche - 1. Übungstag

2. Teil: Gymnastische Übungen

Radfahren

Diese Übung bringt den Kreislauf in Schwung und kräftigt gleichzeitig Bauch- und Beinmuskulatur. Sie kann im Liegen oder Sitzen durchgeführt werden. In beiden Positionen können Sie sich mit den Händen nach hinten abstützen.
Nun radeln Sie mit lockeren kreisenden Beinbewegungen los. Auf Ihrer Phantasiestrecke wechseln Berg- und Talfahrten ab, so daß Sie mal langsam und kräftig, mal schnell und leicht in der Luft treten. Wer es noch anspruchsvoller mag, der kann die Strecke auch rückwärts radeln.
Vergessen Sie das Bremsen nicht! Am besten nach 1 bis 2 Minuten.

Isometrische Übung

Innere Oberschenkelmuskulatur

- Setzen Sie sich auf den Boden und winkeln Sie die Beine an. Die Arme verschränken Sie vor der Brust zwischen den Knien.
- Drücken Sie dann mit den Knien so fest wie möglich gegen die Ellenbogen.
- Das stärkt die innere Oberschenkelmuskulatur, die bei unseren alltäglichen Bewegungen oft vernachlässigt wird.

Phase II: Basistraining

1. Teil: Informationsaufnahme

Fischgräten
Die Linien sehen wie Fischgräten aus. Entscheiden Sie sich ganz spontan und schnell: Sind die großen, langen Linien parallel oder nicht?

Sätze bilden
Bilden Sie bitte Sätze, bei denen jedes Wort mit demselben Buchstaben beginnt (z.B. Fischers Fritz fischt frische Fische). Versuchen Sie, die Sätze so lang wie möglich zu gestalten.
Benutzen Sie folgende Buchstaben: L, S, K, P

Leichter Lesen Lernen Lehrten Lehrer.

Sie sagt, Sonnenbaden sei schön.

Kein kleiner Kahn kann kentern.

Peinlicher Pfau pfeift passierlich Posaune.

2. Woche - 1. Übungstag

2. Teil: Informationsspeicherung

Das erste Flugzeug
Lesen Sie bitte aufmerksam den folgenden Text:

Im Jahre 1903 unternahmen die Brüder Oliver (1871 - 1948) und Wilbur (1867 - 1912) Wright den ersten Flug mit einem motorbetriebenen Flugzeug.

Blättern Sie jetzt bitte um.

Sport-Info
In verschiedenen Ländern finden Sportveranstaltungen in vier unterschiedlichen Disziplinen statt.
Versuchen Sie, sich zu merken was wann wo stattfindet.
Blättern Sie dann um.

Phase II: Lösungen und Fortsetzung

Lösungen

Fischgräten

Erschienen Ihnen die großen Linien nicht parallel? Dann haben Sie sich täuschen lassen. Die vielen kleinen schrägen Linien sind für diese optische Täuschung verantwortlich.

Sätze bilden

Hier wollen wir Ihrer Phantasie nicht dazwischenfunken. Wenn Sie Lust haben, schicken Sie uns Ihre orginellen Einfälle.

2. Woche - 1. Übungstag

Fortsetzung

Das erste Flugzeug
Beantworten Sie bitte die folgenden Fragen aus dem Gedächtnis.
Zur Überprüfung können Sie dann auf der vorherigen Seite nachschauen.

1. Wann war der erste Flug?

1903

2. Wie alt wurde Wilbur?

45

3. War Oliver oder Wilbur der Erstgeborene?

Wilbur

Sport-Info
In den USA fand um 10 Uhr ein Laufwettbewerb statt.

In Kanada fand um 13 Uhr ein Ski-Abfahrtsrennen statt.

In Frankreich startete um 11 Uhr das Radrennen.

Australien beginnt um 9 Uhr mit Schwimmwettkämpfen.

Phase III: Merk - Zettel

Wissenswertes

Telefonieren rund um den Erdball

Telefone gibt es in den unterschiedlichsten Formen und Größen, doch sie alle arbeiten nach demselben Prinzip. Wenn man spricht, schickt man Druckwellen durch die Luft. Die Sprechmuschel des Telefons nimmt diese Wellen auf und wandelt sie in schwankenden elektrischen Strom um. Der Strom wandert durch die Telefonleitung, bis er bei der Nummer ankommt, die man gewählt hat. Hier wird die elektrische Energie wieder in Bewegung, das heißt in Schallwellen, umgewandelt. Die Person am anderen Ende der Leitung kann nun die Stimme hören.

Aber wie genau funktioniert ein Telefon?

Der Telefonhörer ruht auf einer Gabel mit Umschalter, über den der Kontakt zum Fernsprechamt hergestellt wird. Hebt man den Hörer ab, fließt elektrischer Strom durch Elektromagnete in das Mikrofon im Telefonhörer. Dieses enthält Kohlekörner, die den elektrischen Strom leiten. Das tun sie am besten, wenn sie - durch die Schallschwingungen der Stimme - fest zusammengedrückt werden. Bei lauten Geräuschen werden die Körner enger aneinandergepreßt als bei leisen, so daß sich der Strom, der durch die Telefonleitung wandert, verstärkt. Eine Membran wird von den Schallwellen in Schwingung versetzt und überträgt die Schwingungen auf die Kohlekörner. Der kleine Lautsprecher in der Hörmuschel enthält einen Elektromagneten, der mit Hilfe des elektrischen Stroms ein Magnetfeld bildet. Wenn durch die Telefonleitung elektrische Signale kommen, verstärken die Stromschwankungen dieses Feld oder schwächen es ab. Dadurch wird die Metallmembran der Hörmuschel angezogen oder losgelassen: Sie wird zum Schwingen gebracht und erzeugt hörbare Schallwellen.

2. Woche - 1. Übungstag

siehe Terminkalender

Planungsbogen für den Tag **Datum:** ______________________

____

Vormittag: ______________________________________

____

____

Nachmittag: ____________________________________

____

____

Abend: ____

____

____

Mein besonderes Tagesziel: ______________________

____

____

____

Phase III:
Merk-Zettel - Fragen zum Vortag

Wissenswertes

* Was ist auf den Magnetstreifen gespeichert?

* Welche Daten können überprüft werden?

* Nach welchem Prinzip funktioniert die Erkennung der Magnetstreifen?

* In welchen Bereichen wird die Plastikkarte angewendet?

2. Woche - 1. Übungstag

Zum Tagesplan des Vortages

Haben Sie gestern Ihren Tagesplan eingehalten? Schreiben Sie hier bitte auf, was Sie gestern erledigt haben.

Vormittag:

Nachmittag:

Abend:

Mein besonderes Tagesziel war:

Phase IV: Denk - Mal

Knobelaufgaben

Spiel 24

$-((5-4)+7+8)+(5\cdot 8)$

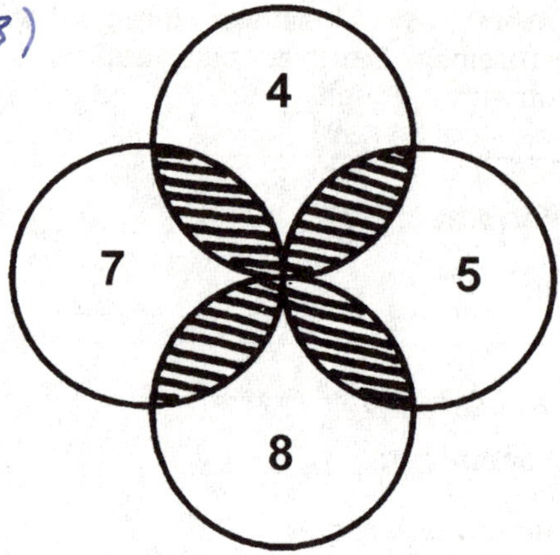

Wo bleibt die Mark?

Drei Männer teilen sich ein Hotelzimmer. Sie sollen 30 Mark dafür bezahlen. Jeder legt einen Zehner hin. Kaum sind sie auf dem Zimmer, fällt dem Empfangschef auf, daß er sich geirrt hat. Das Zimmer kostet nur 25 Mark. Er schickt den Pagen mit einem 5-Mark-Stück hinterher. Der weiß nicht, wie er 5 Mark durch 3 teilen soll, gibt deshalb jedem Gast 1 Mark zurück und behält 2 als Trinkgeld. Jetzt hat jeder der Männer also 9 Mark für das Zimmer bezahlt, 9 x 3 sind 27, der Page hat 2 Mark, das macht 29 Mark und... Wo ist die letzte Mark?

2. Woche - 1. Übungstag

Tip des Tages

Blumen trocknen
Gehen Sie mit offenen Augen durch die Welt? Dann werden Sie bei Ihren Spaziergängen bestimmt schon viele schöne Blumen entdeckt haben. Einige eignen sich besonders zum Trocknen. Man kann daraus schöne Gestecke machen, oder sie einfach als Strauß zum Schmuck in der Wohnung aufstellen. Wenn Sie sie weiterverschenken, können Sie auch anderen Menschen eine Freude damit bereiten.

Lern-Strategie

Namen einprägen
Viele Menschen klagen über ein schlechtes Namensgedächtnis. In Wahrheit haben sie aber kein schlechtes Gedächnis, sondern sie haben sich den Namen nur schlecht eingeprägt.

- So werden Sie Namen leichter behalten:
- Wenn sich jemand vorstellt, fragen Sie ruhig nach, wenn Sie den Namen nicht verstanden haben.
- Lassen Sie sich schwierige Namen buchstabieren oder eine Visitenkarte geben.
- Wiederholen Sie den Namen laut und deutlich.
- Sprechen Sie Ihren neuen Bekannten im fortlaufenden Gespräch mehrfach mit Namen an.
- Erzählen Sie anderen von Ihrer neuen Bekanntschaft und erwähnen Sie den Namen im Gespräch häufiger.

Phase IV: Lösungen und Denk - Netz

Lösungen zu den Knobelaufgaben

Hier ist die Lösung:

Spiel 24

4 - 7 - 5 - 8
8 - **7** = 1
1 + **5** = 6
6 x **4** = 24

Wo bleibt die Mark?
Vergessen Sie die 30 Mark, sie gehören nicht zur Lösung. Das Zimmer kostet 25 Mark. So, als hätten Sie zwar drei Zehnmarkscheine hingelegt, aber sofort 5 Mark rausgekriegt. Nur ist das Wechselgeld nicht bei Ihnen, sondern beim Pagen gelandet. Der hat 2 Mark behalten und 3 ausgezahlt. Macht genau 30 Mark. Andersrum: Die Männer haben 27 Mark bezahlt, macht 2 Mark zuviel, und genau die hat der Page.

2. Woche - 1. Übungstag

Denk - Netz

Hier ist Platz für Ihr Denk-Netz zum "Wissenswerten" aus dem Merk-Zettel von heute.

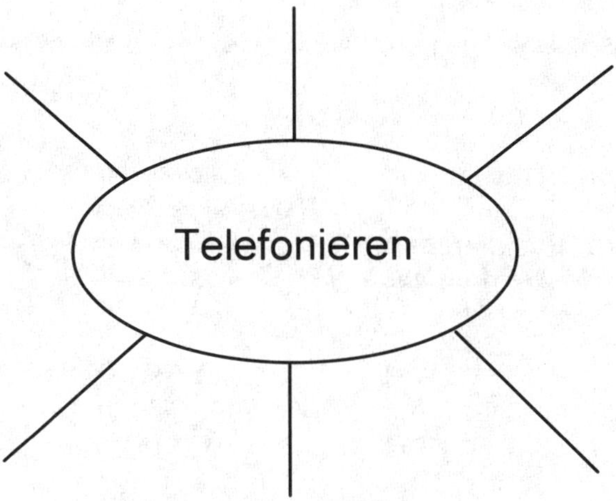

Kür-Phase V: Kopf-Kino

Führen Sie im Laufe des Tages Ihr Kopf-Kino-Programm durch, immer dann, wenn Sie Zeit und Lust dazu haben.

Phase I: Aufwärmübung

1. Teil: Atemtechnik

Denken Sie bitte an den Atem-Rhythmus:
6 Pulsschläge lang einatmen, 3 Pulsschläge lang die Luft anhalten, 6 ausatmen, 3 Pause und wieder langsam einatmen.
Wiederholen Sie diesen Atem-Rhythmus etwa 20 Mal.

Stellen Sie sich langsam anrollende, riesige Meereswellen vor.

2. Woche - 2. Übungstag

2. Teil: Gymnastische Übungen

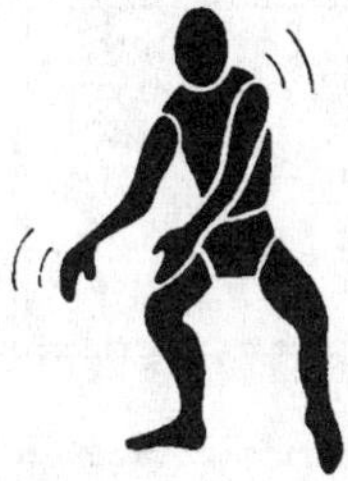

Schüttel-Übung

Schütteln Sie die Sorgen doch ab oder vertreiben Sie einfach die Steifheit der Gelenke. Diese Übung zur allgemeinen Muskellockerung eignet sich besonders gut zur Anregung des Kreislaufes nach einer längeren Ruhepause.

- Strecken Sie Ihre Arme nach vorne aus und schütteln Sie vom Handgelenk aus Ihre Hände so kräftig Sie können.
- Dann heben Sie die Arme seitwärts und wiederholen die Übung in dieser Stellung. Schütteln Sie die Arme auch noch nach oben und zum Schluß nach unten kräftig aus.
- Lockern Sie die Arme in jeder dieser Stellungen 10 Sekunden lang.

Isometrische Übung

Hände drücken und ziehen

- Drücken Sie Ihre Handflächen vor dem Oberkörper in Brusthöhe fest gegeneinander. Die Ellenbogen sollten dabei waagerecht sein.
- Umfassen Sie Ihre Hände und ziehen Sie sie in gleicher Stellung nach außen.
- Für beide Übungen gilt: 6 Sekunden halten, 3 Mal wiederholen.

Phase II: Basistraining

1. Teil: Informationsaufnahme

Vor Vier such Eins
Welches Wort gehört jeweils auf die Schreiblinie? Es muß mit allen vier vorgegebenen Wörtern eine sinnvolle Wortzusammensetzung bilden.

Rot — Kohl, Barsch, Stift, Licht

Blau — Licht, Wal, Meise, Säure

Telefon — Hörer, Buch, Zelle, Nummer

Wandelwort
Verwandeln Sie das Ausgangswort über zwei Zwischenwörter in das Endwort. Dabei müssen Sie bei jedem Zwischenwort einen Buchstaben gegen einen anderen austauschen, und zwar an derselben Stelle. Benutzen Sie ruhig einen Bleistift, um eventuelle Fehlversuche ausradieren zu können.
Ein Beispiel geben wir Ihnen:
HASE HAST MAST MIST
Versuchen Sie es nun bitte selbst!

HAND	WAND	ROSE
RAND	WALD	ROST
LANG	WILD	RAST
RING	BILD	BAST

2. Woche - 2. Übungstag

2. Teil: Informationsspeicherung

Postleitzahlen
Merken Sie sich bitte diese Postleitzahlen

55442 Stromberg	37639 Zur Brille	56859 Alf
24640 Hasenmoor	92442 Wackersdorf	54298 Igel

So, jetzt können Sie umblättern.

Gesichter
Heute sollen Sie sich Gesichter merken, die Ihnen mit einfacher Mimik eine Stimmung veraten.

Phase II: Lösungen und Fortsetzung

Lösungen

Vor Vier such Eins

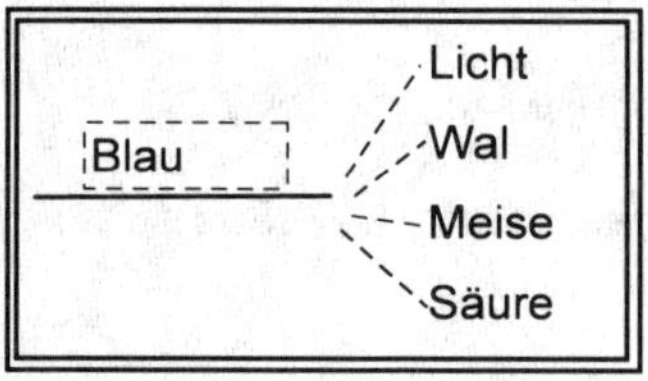

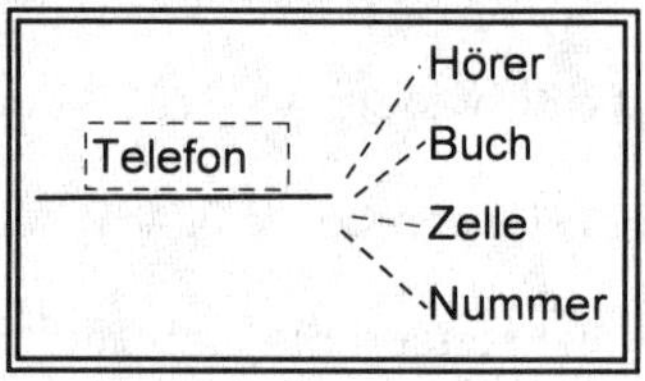

Wandelwort

Haben Ihnen die Worttüfteleien Spaß gemacht?
Wir zeigen Ihnen hier mögliche Wortfolgen, natürlich sind auch andere Folgen möglich.

HAND	WAND	ROSE
RAND	WALD	ROST
RANG	WILD	RAST
RING	BILD	BAST

2. Woche - 2. Übungstag

Fortsetzung

Postleitzahlen

Notieren Sie jetzt bitte die Postleitzahlen der Orte:

____ Stromberg ____ Zur Brille ____ Alf

____ Hasenmoor ____ Wackersdorf ____ Igel

Gesichter

Wissen Sie noch, wie die Herren hießen, die so komische Gesichter gemacht haben? Dann ordnen Sie den Gesichtern die richtigen Namen zu.

Phase III:
Merk - Zettel

Wissenswertes

Fernsehen

Es mag seltsam klingen, aber alles, was man beim Fernsehen erkennt, ist eine optische Täuschung. Was als Bewegung erscheint, setzt sich tatsächlich aus einer Reihe von Einzelbildern zusammen, die in rascher Folge über den Bildschirm flimmern. In jeder Sekunde sind es dreißig verschiedene Bilder, die das Gehirn beim Betrachten so verarbeitet, daß sie miteinander zu verschmelzen scheinen.
Um ein einziges Bild zu erzeugen, werden drei Strahlen winziger Teilchen, sogenannter Elektronen, auf die Rückseite des Fernsehschirms geschossen. Diese Strahlen laufen von einer Seite zur andern und von oben nach unten über den Bildschirm. Sie lassen winzige Punkte aufleuchten, die entweder rot, grün oder blau sind. Die Augen verbinden diese bunten Lichtpunkte miteinander, so daß man ein farbiges Bild sieht.
Das größte Einzelteil des Fernsehers ist eine trichterförmige Röhre. Die Vorderseite der Röhre wird vom Bildschirm eingenommen. Die Rückseite enthält drei Elektronenkanonen oder Glühkathoden. Diese Kathoden schießen Elektronenstrahlen gegen den Bildschirm und erzeugen dadurch das Bild.
Der Bildschirm eines Farbfernsehers ist mit Tausenden von roten, grünen und blauen Lichtpunkten beschichtet. Es sind dies die Primärfarben des Lichtes. Aus ihnen können bei richtiger Mischung fast alle Farben entstehen, die es in der Natur gibt. Ein Elektronenstrahl beschießt die roten, der zweite die grünen und der dritte die blauen Punkte. Jeder Punkt leuchtet auf, wenn er getroffen wird und verblaßt, wenn der Strahl weiterwandert.

2. Woche - 2. Übungstag

Planungsbogen für den Tag **Datum:** ____________________

____

Vormittag: ______________________________________

____

____

Nachmittag: ____________________________________

____

____

Abend: ____

____

____

Mein besonderes Tagesziel: ______________________

____

Phase III:
Merk-Zettel - Fragen zum Vortag

Wissenswertes

* Wie funktioniert ein Kohlemikrofon?

* Wie funktioniert die Weiterleitung der Information über das Telefon?

* Wie ist die Hörmuschel des Telefons aufgebaut?

* Wie können Schallwellen in elektrische Signale übertragen werden?

2. Woche - 2. Übungstag

Zum Tagesplan des Vortages

Haben Sie gestern Ihren Tagesplan eingehalten? Schreiben Sie hier bitte auf, was Sie gestern erledigt haben.

Vormittag:

Nachmittag:

Abend:

Mein besonderes Tagesziel war:

Phase IV: Denk - Mal

Knobelaufgaben

Spiel 24

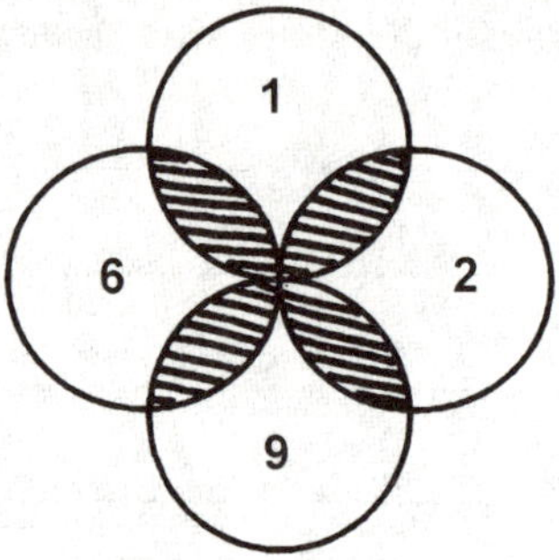

Masken raten

Beim Stamm der Maui-Indianer sucht ein Medizinmann einen geeigneten Nachfolger. Drei Kandidaten kommen in die engere Wahl. Um ihre Gewitztheit zu prüfen, hat sich der Medizinmann einen Test ausgedacht. Mit verbundenen Augen müssen die Bewerber von fünf Masken eine auswählen und aufsetzen. Die 2 übriggebliebenen Masken werden versteckt.

Jetzt erklärt er den verdutzten Bewerbern, was zu tun ist: "Die Masken haben verschiedene Farben. Ihr könnt die Farbe eurer eigenen Maske nicht erkennen, wohl aber die Farben der beiden anderen Masken. Eine kleine Hilfe gebe ich euch: Von den 5 Masken sind 2 gelb und 3 blau. Ratet nun die Farbe eurer eigenen Maske. Allerdings dürft ihr nur 1 Mal raten."

Lange hatte niemand den Mut zu raten, bis plötzlich ein Bewerber namens Logo den entscheidenden Einfall hatte. Er sah sich die Masken der beiden andern an: Die eine war gelb, die andere blau. Dann rief er: "Ich werde Medizinmann" und nannte die richtige Lösung.

Welche Farbe hatte seine Maske und wie kam er auf die richtige Lösung?

⇒ blau

2. Woche - 2. Übungstag

Tip des Tages

Intuitions-Übung
Intuition ist die Fähigkeit, das Richtige ohne schlüssige Begründung in sich zu spüren. Sie ist eine wichtige Ergänzung des Verstandes; sozusagen die weibliche Schwester. Oft spüren Sie im Bauch schon die richtige Antwort oder die Lösung eines Problems, Sie trauen sich aber nicht, sich darauf zu verlassen, weil Sie keine logische Erklärung dafür finden. Die ideale Erfolgskombination besteht aber aus Fühlen und Wissen.
Versuchen Sie doch mal, Ihre Intuition zu stärken:
Setzen Sie sich in ein Straßencafé und versuchen Sie vorauszusagen, was als nächstes geschieht. Wartet der Herr am Nebentisch auf eine Dame, oder bleibt er alleine? An welchem Tisch kassiert der Kellner als nächstes ab? u.s.w.
Der Witz besteht darin, daß Sie Ihren Verstand gar nicht abschalten können, auch wenn Sie es versuchen. Sie werden immer mit beiden Mitteln versuchen, die richtige Antwort zu finden; mit Gefühl und Verstand.
Zum Spaß trainieren Sie genau das, was Sie im täglichen Leben brauchen.

Lern-Strategie

Bedeutung geben bei Buchstabenkürzeln
Buchstabenkombinationen lassen sich leichter einprägen, wenn sie eine Bedeutung bekommen. So läßt sich die Buchstabenkombination: KWBPOT viel besser behalten, wenn Sie daraus lesen: "KiloWatt BundesPost OfenTür".

Phase IV: Lösungen und Denk - Netz

Lösungen der Knobelaufgaben

Hier ist die Lösung:

Spiel 24

1 - 6 - 2 - 9
1 x **2** = 2
2 x **9** = 18
18 + **6** = 24

Masken raten
Die Maske war blau. Es gab 2 gelbe Masken. Logo konnte jedoch sehen, daß eine davon ein Mitbewerber trug. Wenn er selbst die verbliebene gelbe Maske getragen hätte, wäre der dritte Kandidat sofort in der Lage gewesen, seine Maske als blau zu identifizieren. Dies war aber nicht der Fall. Also blieb nur eine Möglichkeit übrig: Logos Maske war blau.
Hätten Sie auch Medizinmann werden können? Dann herzlichen Glückwunsch, denn es war eine schwere Aufgabe.

2. Woche - 2. Übungstag

Denk - Netz

Hier ist Platz für Ihr Denk-Netz zum "Wissenswerten“ aus dem Merk-Zettel von heute.

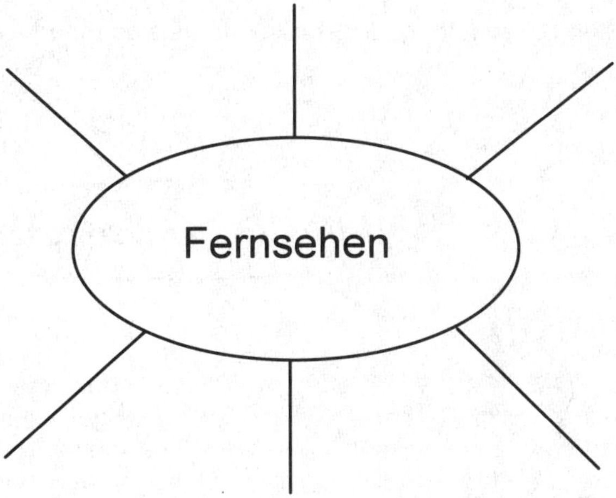

Kür-Phase V: Kopf-Kino

Führen Sie im Laufe des Tages Ihr Kopf-Kino-Programm durch, immer dann, wenn Sie Zeit und Lust dazu haben.

Phase I : Aufwärmübung

1. Teil: Atemtechnik

Denken Sie bitte an den Atem-Rhythmus:
6 Pulsschläge lang einatmen, 3 Pulsschläge lang die Luft anhalten, 6 ausatmen, 3 Pause und wieder langsam einatmen.
Wiederholen Sie diesen Atem-Rhythmus etwa 20 Mal.

Stellen Sie sich langsam anrollende, riesige Meereswellen vor.

2. Woche - 3. Übungstag

2. Teil: Gymnastische Übungen

Flug-Übung

Diese Übung kräftigt die Arm-, Schulter- und Brustmuskulatur, schult aber auch das Gleichgewicht. Wichtig ist es, daß Sie die Bewegungen ganz langsam in einem fließenden Rhythmus ausführen.

- Heben Sie den rechten Arm ganz hoch und senken den linken zur Seite abwärts. Spüren Sie den Zug der Muskeln?
- Dann machen Sie die Übung gegengleich und zum Schluß im fließenden Übergang, immer links-rechts, viermal.

Isometrische Übung

- Stellen Sie sich in einen Türrahmen, die Füße schulterbreit auseinander und drücken Sie mit den Händen in Schulterhöhe den Rahmen auseinander.
- Nehmen Sie die Hände gebeugt nach oben, die Ellenbogen ziehen nach hinten. Drücken Sie jetzt mit beiden Händen einen gedachten Gegenstand (Querbalken, Decke) nach oben.

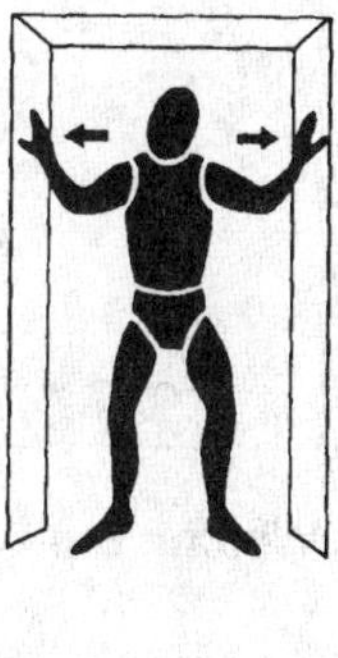

Phase II: Basistraining

1. Teil: Informationsaufnahme

Wortsuchspiel
Hier scheinen Buchstaben sinnlos und ohne Zusammenhang angeordnet zu sein. Tatsächlich sind aber darin einige Wörter versteckt, die in allen möglichen Richtungen geschrieben sind. Versuchen Sie bitte, die Wörter zu finden und kreisen Sie sie ein.

Suchen Sie folgende Wörter:
ANGELN - ANZEIGE - ERKER - IGEL - KONSUM - LINDE - NORDSEE - SEKUNDE - TURNEN

Ein Beispiel haben wir Ihnen gegeben. Die übrigen Wörter müssen Sie selber suchen:

R	A	H	C	S	O	P	W	N	T	T	A	L	P	U	L	F	R
E	S	A	L	B	N	E	N	R	U	T	E	K	A	P	P	M	I
P	E	L	D	E	S	P	M	I	L	E	S	R	M	P	J	S	N
D	N	K	E	L	T	L	O	A	S	R	N	U	I	U	K	V	C
I	O	E	I	T	E	D	N	U	K	E	S	L	H	S	Y	Z	J
W	R	N	S	U	H	T	I	Z	G	N	I	M	A	E	A	U	G
T	D	A	T	T	L	C	A	L	O	T	R	A	T	R	F	B	E
E	S	N	S	I	E	N	B	K	A	N	G	E	L	N	X	T	I
I	E	O	A	L	G	E	E	S	S	L	R	K	E	A	S	S	N
R	E	K	R	E	I	E	G	I	E	Z	N	A	Z	G	W	L	J

Welche Zahl fehlt?

7 - 11 - 13 - 17 - 19 - 23 (handschriftlich) **- 25**

2. Woche - 3. Übungstag

2. Teil: Informationsspeicherung

Der Bäckergeselle Kasimir

Kasimir ist Bäckergeselle. Jeden Morgen trägt er frisches Brot aus. Sein Weg ist auf dem folgenden Plan eingezeichnet. Prägen Sie sich genau ein:

- welchen Weg Kasimir nimmt,
- welche Namen die Häuser tragen, die Kasimir beliefert,
- wie die Straßennamen lauten.

Auf der nächsten Seite werden Sie dann nach dem Plan gefragt.

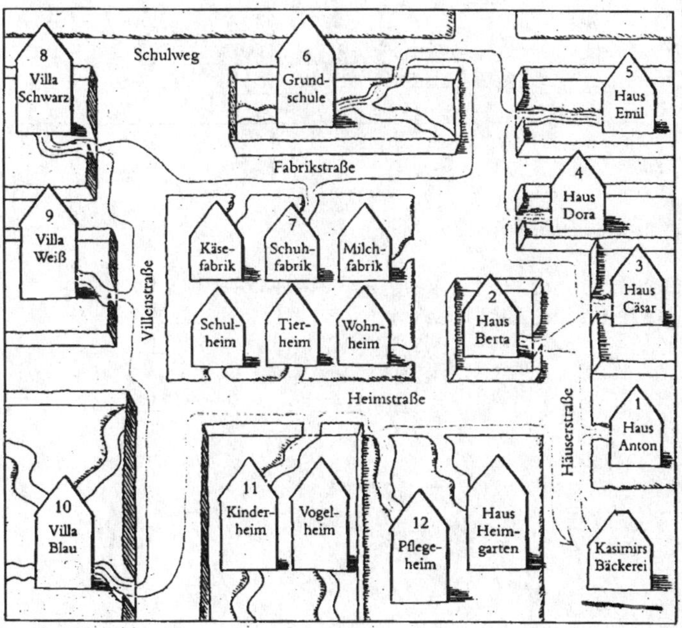

Phase II: Lösungen und Fortsetzung

Lösungen

Wortsuchspiel

Die versteckten Wörter haben wir eingekreist. Haben Sie auch alle gefunden?

R	A	H	C	S	O	P	W	N	T	T	A	L	P	U	L	F	R
E	S	A	L	B	N	E	N	R	U	T	E	K	A	P	P	M	I
P	E	L	D	E	S	P	M	I	L	E	S	R	M	P	J	S	N
D	N	K	E	L	T	L	O	A	S	R	N	U	I	U	K	V	C
I	O	E	I	T	E	D	N	U	K	E	S	L	H	S	Y	Z	J
W	R	N	S	U	H	T	I	Z	G	N	I	M	A	E	A	U	G
T	D	A	T	T	L	C	A	L	O	T	R	A	T	R	F	B	E
E	S	N	S	I	E	N	B	K	A	N	G	E	L	N	X	T	I
I	E	O	A	L	G	E	E	S	S	L	R	K	E	A	S	S	N
R	E	K	R	E	I	E	G	I	E	Z	N	A	Z	G	W	L	J

Welche Zahl fehlt?

Der Rhythmus ist: +4 +2 +4 +2 +4 +2
Die fehlende Zahl ist also die 23.

2. Woche - 3. Übungstag

Fortsetzung

Der Bäckergeselle Kasimir
Erinnern Sie sich noch daran, welchen Weg der Bäckergeselle morgens beim Austragen des frischen Brotes nimmt?
Zeichnen Sie ihn ein, und schreiben Sie auch die Namen der Häuser und Straßen auf.

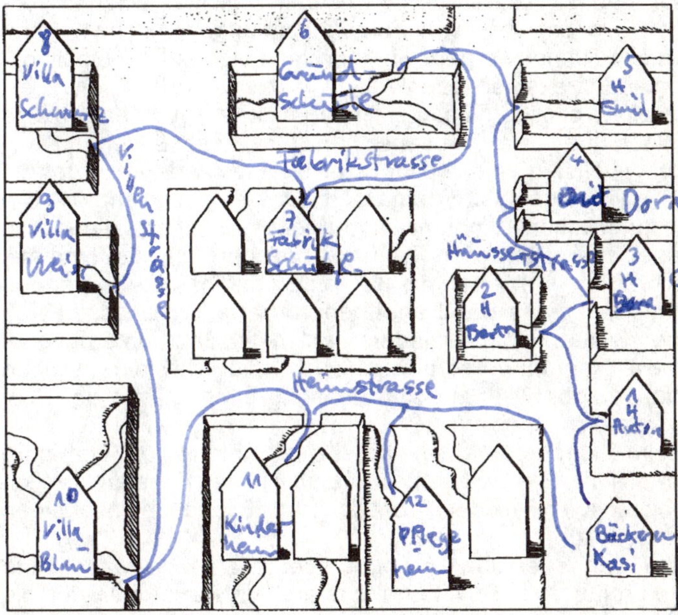

alles gemerkt !

Phase III: Merk - Zettel

Wissenswertes

Videorecorder

Schiebt man eine Kassette mit einem Magnetband in einen Videorecorder, vergehen ein paar Sekunden, bevor etwas passiert. Diese kurze Verzögerung weist darauf hin, daß einige interessante Dinge sich in dem Gerät tun. Der Videorecorder spürt magnetisierte Teilchen auf dem Band auf. Das Band wird dabei herausgezogen und um eine sich drehende Trommel gewickelt. Sobald alles an Ort und Stelle ist, kann der Recorder Informationen vom Band ablesen und Signale an den Fernseher schicken. Ebenso können Bild und Ton von Fernsehsendungen auf dem Band aufgezeichnet werden. So kann man sich seinen Lieblingsfilm jederzeit anschauen.

In einer einzigen Stunde flimmern über 100 000 einzelne Bilder über den Fernsehschirm. Um diese Bilder am wirkungsvollsten zu speichern, zeichnet der Videorecorder die Signale diagonal auf dem Band auf. Das geschieht mit Hilfe magnetischer Aufnahme- und Wiedergabeköpfe, die sich in einer sich drehenden Trommel befinden. Da die Trommel schräg steht, können die Köpfe den diagonalen Spuren folgen, wenn das Band an ihnen vorbeiläuft. So lassen sich die meisten Bilder auf jedem Zentimeter Band unterbringen. Diese Anordnung sorgt aber auch dafür, daß die Tonspur, die weniger Platz zur Aufzeichnung benötigt, mit der Bildspur gleichzeitig läuft.

Heim-Videorecorder sind bereits seit Anfang der 70er Jahre erhältlich. Sie wurden vornehmlich in Schulen, Volkshochschulen oder ähnlichen Bildungseinrichtungen eingesetzt.

Seit den 80er Jahren findet aber auch eine wachsende Verbreitung im Privatbereich statt. Als Hauptmotiv für die Anschaffung eines Videorecorders gaben die meisten die Aufzeichnung von Fernsehfilmen an, um unabhängig vom aktuellen Fernsehprogramm zu sein.

2. Woche - 3. Übungstag

Planungsbogen für den Tag **Datum:** ________

Planen Sie Ihren Tag gut!
Sie haben hier Platz, Ihre Ideen festzuhalten und Termine zu koordinieren.
Die beste Zeit, Gehirn-Jogging zu machen, ist der Vormittag. Dann ist das Gehirn optimal leistungsfähig.

Vormittag: ____________________________

____

____

Nachmittag: ____________________________

____

____

Abend: ________________________________

____

____

Mein besonderes Tagesziel: __________________

____

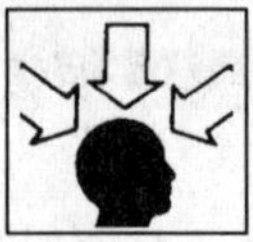

Phase III:

Merk-Zettel - Fragen zum Vortag

Wissenswertes

* Wie werden die Bilder beim Fernsehen übertragen?

* Aus welchen Farben lassen sich fast alle Farbschattierungen herstellen?

* Woraus besteht der Bildschirm eines Farbfernsehers?

* Wieviele Bilder können pro Sekunde im Gehirn so verarbeitet werden, daß sie miteinander zu verschmelzen scheinen?

2. Woche - 3. Übungstag

Zum Tagesplan des Vortages

Haben Sie gestern Ihren Tagesplan eingehalten? Schreiben Sie hier bitte auf, was Sie gestern erledigt haben.

Vormittag:______________________________

Nachmittag:____________________________

Abend:________________________________

Mein besonderes Tagesziel war:________________

Phase IV: Denk - Mal

Knobelaufgaben

Spiel 24

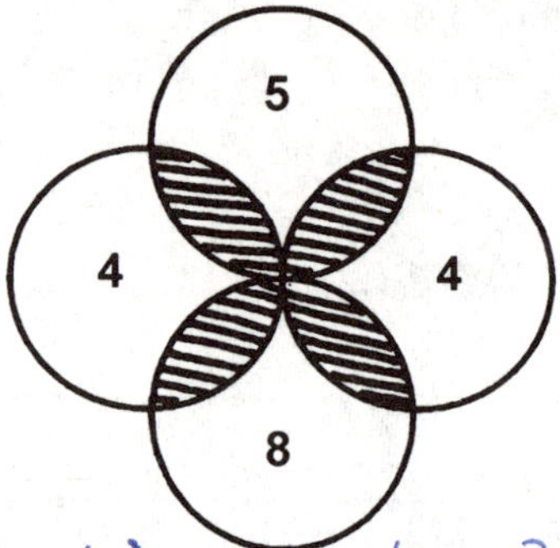

((5 * 4) + 8) - 4 = 24

Umfüllsorgen

Kaufmann Kümmerlein bekam prompt die Quittung für seinen Geiz, der ihn von der Anschaffung der richtigen Schöpfmaße abgehalten hatte. Heute sind ihm 8 Liter Milch geliefert worden, von denen ein Kunde die Hälfte haben möchte. Kümmerlein hat jedoch nur ein 3 Liter- und ein 5 Liter-Gefäß.

Wie muß der Kaufmann die Milch umfüllen, um dem Kunden die 4 Liter abzumessen?

2+2
3+1

2. Woche - 3. Übungstag

Tip des Tages

Ärgernisse
Parallel zu Ihrer Denkfähigkeit sollten Sie auch Ihre innere Gelassenheit und Toleranz trainieren. Auch sie sind Produkte Ihres Gehirns. Oft verhindert die Engstirnigkeit unseres Gehirns, eine Sache mal von einer anderen Warte aus zu betrachten. Es ist doch so bequem, immer dieselben Gedankenbahnen zu fahren. Nicht nur Rechenaufgaben lösen und Wortlisten auswendiglernen hält jung, auch die kritische Auseinandersetzung mit einer liebgewonnenen, viel zu selten überdachten Einstellung fördert die geistige Flexibilität.
Nehmen Sie einen Zettel und schreiben Sie mindestens sieben Namen, Tatsachen, Verhaltensweisen oder andere Dinge auf, die Sie an den Rand der Weißglut bringen. Je mehr Sie Ihr Gehirn trainieren, desto besser werden Sie künftig mit diesen Dingen umgehen können. Behalten Sie diesen Zettel und überprüfen Sie am Ende des Gehirntrainings, wieviele dieser Ärgernisse Sie streichen können.

Lern-Strategie

Ziel bestimmen
Wenn Sie etwas Bestimmtes erreichen wollen, müssen Sie sich auch ein Ziel setzen.
Sagen Sie sich nicht nur: "Ich möchte die Leistung meines Gehirns verbessern", sondern: "Ich möchte nach einer Woche Gehirnjogging 2 Telefonnummern behalten können".
Versuchen Sie, Ihr Ziel so präzise und faßbar wie möglich zu formulieren.
Ein Ziel ist immer auch ein Ansporn. Ein Beispiel aus dem Sport: wer nur einfach in die Höhe springt, wird nie die gleiche Höhe erzielen, wie jemand, der über eine Sprunglatte hinwegzuspringen versucht.
Nutzen Sie die anspornende Kraft eines Zieles!

Phase IV: Lösungen und Denk - Netz

Lösungen der Knobelaufgaben

Hier ist die Lösung:

Spiel 24

5 - 4 - 4 - 8
4 + **4** = 8
8 - **5** = 3
3 x **8** = 24

Umfüllsorgen
Wie gut, daß Sie sich durch das ständige Umschütten der Milch nicht haben entmutigen lassen. Nach 6 Mal Umfüllen konnte der Kunde schließlich doch mit seinen gewünschten 4 Litern Milch den Laden verlassen.
Der Kaufmann hat wie folgt das 8 l, 5 l und 3 l Gefäß genutzt:

ohne Wegschütten

	1	2	3	4	5	6
8 l	3	3	6	6	1	1
5 l	5	2	2	0	5	4
3 l	0	3	0	2	2	3

2. Woche - 3. Übungstag

Denk - Netz

Hier ist Platz für Ihr Denk-Netz zum "Wissenswerten“ aus dem Merk-Zettel von heute.

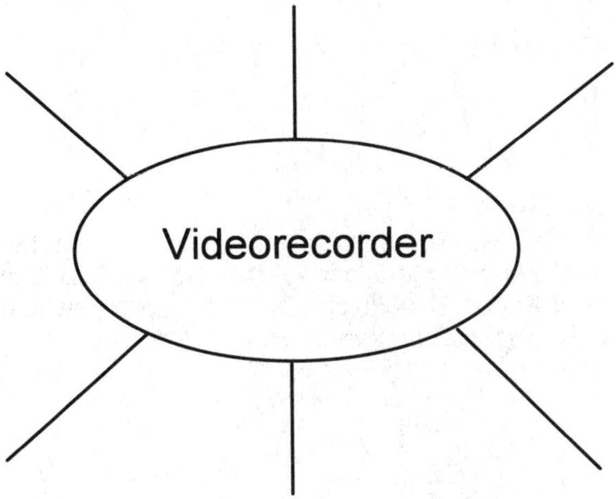

Kür-Phase V: Kopf-Kino

Führen Sie im Laufe des Tages Ihr Kopf-Kino-Programm durch, immer dann, wenn Sie Zeit und Lust dazu haben.

Phase I : Aufwärmübung

1. Teil: Atemtechnik

Denken Sie bitte an den Atem-Rhythmus:
6 Pulsschläge lang einatmen, 3 Pulsschläge lang die Luft anhalten, 6 ausatmen, 3 Pause und wieder langsam einatmen.
Wiederholen Sie diesen Atem-Rhythmus etwa 20 Mal.

Stellen Sie sich langsam anrollende, riesige Meereswellen vor.

2. Woche - 4. Übungstag

2. Teil: Gymnastische Übungen

Nach den Sternen greifen

Versuchen Sie zu wachsen, einfach mal nach Höherem zu streben. Das verbessert nicht nur die Haltung, sondern regt auch Geist und Kreislauf an.

- Kopf hoch, Blick geradeaus und die Arme heben. Nun greifen Sie nach der Decke, dem Himmel oder dem Mond und den Sternen.
- Ziehen Sie wechselweise die linke und die rechte Hand noch höher hinauf.

Wieviele Sterne haben Sie vom Himmel geholt?

Isometrische Übung

- Verschränken Sie die Hände hinter dem Kopf und bauen Sie langsam durch den Druck des Kopfes gegen die Hände eine Spannung auf.
- Danach die Spannung langsam wieder reduzieren.
- Dieselbe Übung führen Sie nun durch, indem Sie die Hände vor dem Kopf verschränken und mit dem Kopf dagegendrücken.

Phase II: Basistraining

1. Teil: Informationsaufnahme

Der verborgene Stern

In diesem Muster verbirgt sich ein regelmäßiger fünfzackiger Stern, der aus weißen **und** schwarzen Feldern zusammengesetzt ist. Können Sie Ihn entdecken? Lassen Sie das Muster eine Weile auf sich wirken, versuchen Sie, die Perspektiven zu wechseln und halten Sie das Bild mal näher, mal weiter entfernt.

Boggle - Buchstaben kreuz und quer

Bilden Sie aus benachbarten Buchstaben Wörter, die mindestens 3 Buchstaben haben. Es dürfen keine Fremd- oder Phantasiewörter vorkommen. Alle Wörter müssen in einem Wörterbuch stehen.

Ein Beispiel zeigt wie es geht: z.B. Sorte

I	E	U	T
M	T	D	E
L	A	R	I
I	U	S	O

Nun sind Sie an der Reihe! Welche Wörter finden Sie noch heraus?

2. Woche - 4. Übungstag

2. Teil: Informationsspeicherung

Telefonnummern
Merken Sie sich bitte folgende Telefonnummern. Blättern Sie danach weiter.

467231 **390563** **362190**

Die Mondnacht
Wie lange haben Sie schon kein Gedicht mehr auswendig gelernt? Versuchen Sie es doch mal wieder. Joseph von Eichendorf hat 1837 diese romantischen Verse geschrieben.

Es war, als hätt' der Himmel
die Erde still geküßt,
daß sie im Blütenschimmer
von ihm nun träumen müßt.

Die Luft ging durch die Felder,
die Ähren wogten sacht,
es rauschten leis die Wälder,
so sternklar war die Nacht.

Und meine Seele spannte
weit ihre Flügel aus,
flog durch die stillen Lande,
als flöge sie nach Haus.

Phase II: Lösungen und Fortsetzung

Lösungen

Der verborgene Stern

Boggle - Buchstaben kreuz und quer
Hier sind einige Wörter, die im Spiel enthalten sind.
Sicher haben Sie noch mehr oder andere gefunden.

MET; EIS; ISAR; AUS; LADE; LADER; LAUS; ORAL; RAUS; ADER; MARS; MEUTE; MIEDER

2. Woche - 4. Übungstag

Fortsetzung

Telefonnummern
Kennen Sie noch alle Telefonnummern?
Schreiben Sie sie hier auf. Erst dann dürfen Sie zurückblättern.

Die Mondnacht
Frei aufgesagt ist dieses Gedicht am schönsten. Trotzdem hier zur Überprüfung eine kleine Hilfe. Tragen Sie die fehlenden Passagen ein. Und vielleicht das Gedicht morgen noch aus dem Gedächnis zaubern und jemandem eine Freude damit machen.

Es war, als hätt' der Himmel

____

____

von ihm nun träumen müßt.

Die Luft ging durch die Felder,

____

es rauschten leis die Wälder,

____

____

weit ihre Flügel aus,
flog durch die stillen Lande,

____

Phase III: Merk - Zettel

Wissenswertes

Videotext

Häufig wird er auch als Bildschirmzeitung oder Fernsehtext bezeichnet. Es handelt sich um ein Informationssystem, bei dem die Daten parallel zum Fernsehprogramm in der sogenannten Austastlücke des Fernsehsignals gesendet werden. Auf dem Bildschirm erscheinen dann Zahlen, Texte oder grobgerasterte Graphiken.
Der Videotext wurde in der BRD 1980-1984 von ARD und ZDF in einem Großversuch, an dem auch Zeitungsverleger beteiligt waren, getestet. Nach erfolgreichem Abschluß wurde Videotext dann als regulärer Informationsdienst eingeführt.
Für die Nutzung von Videotext sind eine erweiterte Fernbedienung und ein sogenannter Decoder erforderlich. Der Decoder wandelt die digitalisierten Videotext-Signale in ein Standbild um.
Während des Fernsehprogramms kann die gewünschte Information entweder über dem Fernsehbild oder auch anstelle des Bildes erscheinen.
Gesendet werden im Videotext z.B.: Nachrichten, Wetterbericht, Börsenkurse, Sportberichte, Programmübersichten und vieles mehr.
Der Videotext bietet zudem die Möglichkeit, parallel zum Fernsehprogramm Untertitel für Hörgeschädigte oder Übersetzungen für Ausländer zu senden.

2. Woche - 4. Übungstag

Planungsbogen für den Tag **Datum:**

Vormittag:____________________

____

____

____

Nachmittag:____________________

____

____

Abend:____________________

____

____

Mein besonderes Tagesziel:____________________

____

____

____

Phase III:

Merk-Zettel - Fragen zum Vortag

Wissenswertes

* Was geschieht mit der Kassette beim Einschalten des Videorecorders?

* Nach welchem Prinzip findet die Speicherung statt?

* In welchen Bereichen werden Videorecorder eingesetzt?

* Warum werden die Signale diagonal auf dem Videoband gespeichert?

2. Woche - 4. Übungstag

Zum Tagesplan des Vortages

Haben Sie gestern Ihren Tagesplan eingehalten? Schreiben Sie hier bitte auf, was Sie gestern erledigt haben.

Vormittag:

Nachmittag:

Abend:

Mein besonderes Tagesziel war:

Phase IV: Denk - Mal

Knobelaufgaben

Spiel 24

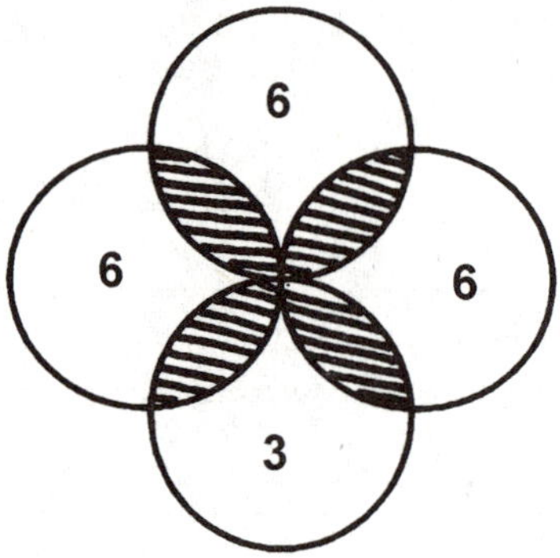

Magico

4	13	4	11
			4
	9		13
			4
			11

2. Woche - 4. Übungstag

Tip des Tages

Leserbrief
Lesen Sie manchmal Artikel in Ihrer Zeitung, die Ihnen besonders gut gefallen oder auch gar nicht zusagen?
Möchten Sie manchmal zu bestimmten Dingen Ihre persönliche Meinung sagen?
Schreiben Sie doch dann an Ihre Zeitung. Leserbriefe werden oft abgedruckt. Dann steht etwas von Ihnen in der Zeitung! Für veröffentlichte Leserbriefe erhalten Sie manchmal sogar ein kleines Honorar.
Wichtiger ist es aber, daß Sie Ihre Meinung zum Ausdruck gebracht haben und Ihren Gefühlen etwas Luft verschaffen konnten.

Lern-Strategie

Belohnung
Richtig angewandte Belohnungen können das Erinnerungsvermögen verbessern. Gönnen Sie sich etwas, das Sie gerne tun. Am besten nach Erfüllung einer Übung, die Sie sich vorgenommen haben. Seien Sie geduldig, nach Bewältigung einer vorgenommenen Aufgabe ist die Belohnung um so schöner und wirkungsvoller.
Wenn Sie sich zum richtigen Zeitpunkt belohnen, z.B. Musik hören, Tee trinken, spazieren gehen, wird die Erinnerungsfähigkeit verbessert, weil Sie Ihrem Gehirn die Möglichkeit geben, gerade Gelerntes weiter zu verarbeiten.

Phase IV: Lösungen und Denk - Netz

Lösungen der Knobelaufgaben

Hier ist die Lösung:

Spiel 24

6 - 6 - 6 - 3
6 + **6** = 12
12 : **3** = 4
4 x **6** = 24

Magico

4	13	4	11
1	2	1	4
2	9	2	13
1	2	1	4
			11

2. Woche - 4. Übungstag

Denk - Netz

Hier ist Platz für Ihr Denk-Netz zum "Wissenswerten“ aus dem Merk-Zettel von heute.

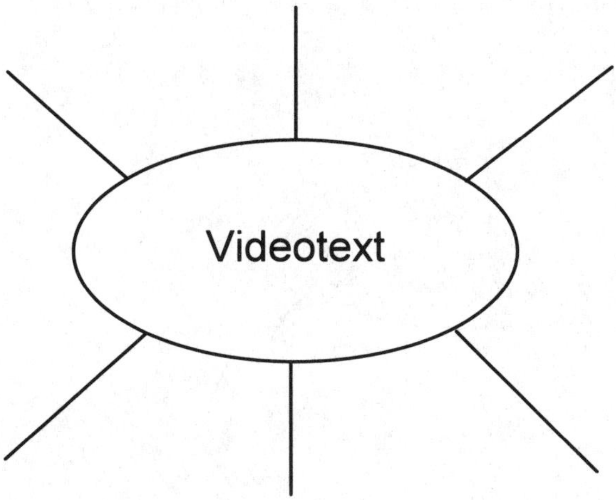

Kür-Phase V: Kopf-Kino

Führen Sie im Laufe des Tages Ihr Kopf-Kino-Programm durch, immer dann, wenn Sie Zeit und Lust dazu haben.

Phase I : Aufwärmübung

1. Teil: Atemtechnik

Denken Sie bitte an den Atem-Rhythmus:
6 Pulsschläge lang einatmen, 3 Pulsschläge lang die Luft anhalten, 6 ausatmen, 3 Pause und wieder langsam einatmen.
Wiederholen Sie diesen Atem-Rhythmus etwa 20 Mal.

Stellen Sie sich langsam anrollende, riesige Meereswellen vor.

2. Woche - 5. Übungstag

2. Teil: Gymnastische Übungen

Ski-Wedeln

- Legen Sie sich einen Gegenstand (Kissen, Zeitung, Tasche etc.) auf den Boden und überspringen Sie diesen mit geschlossenen Beinen. Den Schwierigkeitsgrad bestimmen Sie je nach Breite und Höhe des Gegenstandes. Leichter wird es, wenn Sie auf jeder Seite zwischenhüpfen.
- Bis 60 Sekunden sollten Sie Ihre Hüften schwingen.

Isometrische Übung

- Legen Sie sich seitlich auf den Boden, wobei Sie einen Unterarm anwinkeln und sich dadurch am Boden abstützen.
- Nun spannen Sie Ihre Muskeln an und heben Ihren Körper vom Boden ab. Das Körpergewicht ruht alleine auf dem Unterarm bzw. auf den Füßen.
- Halten Sie die Spannung für 6 Sekunden. Wiederholen Sie jeweils 3 Mal pro Seite.

Phase II: Basistraining

1. Teil: Informationsaufnahme

Verdrehte Figuren
Hier ist mit den Figuren einiges durcheinandergeraten. Finden Sie bitte heraus, welche Figuren durch Verdrehung aus der Figur 1 entstanden sind.

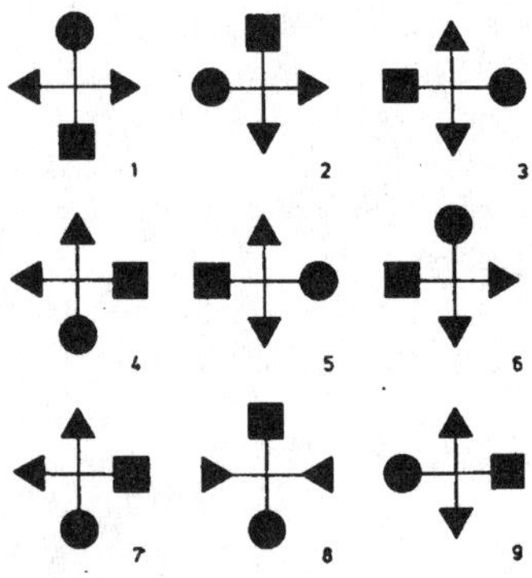

Buchstabenlücken
Bei diesem Spiel können Sie aus zwei vorgegebenen Buchstaben soviele Wörter wie möglich machen. Stellen Sie sich die beiden Buchstaben **D** und **N** als ein Wort vor, bei dem die Vokale (a, e, i, o, u), Umlaute (ä, ö, ü) und Doppellaute (au, ai, ei) fehlen und jetzt ergänzt werden können. Zwei Beispiele geben wir Ihnen: "Aden, Den"
Jetzt sind Sie an der Reihe. Wieviele Wörter fallen Ihnen ein?

2. Woche - 5. Übungstag

2. Teil: Informationsspeicherung

Tatsachen mit Namen verknüpfen
Lesen Sie den Text aufmerksam durch und prägen Sie sich den Inhalt ein. Danach blättern Sie um.

Herrn Karls Freundin heißt Sabine, sie studiert Jura und hat einen Hund namens Florian.
Renates Katze frißt Fisch und reißt gerne die Gardinen runter.
Pauline trinkt einen Grappa und geht danach ins Bett.

Die alte Dampfeisenbahn
Schauen Sie sich einmal diese schöne Lokomotive an. Betrachten Sie sie etwa 1 Minute sehr genau, und blättern Sie danach um.

Phase II: Lösungen und Fortsetzung

Lösungen

Verdrehte Figuren
Sie haben sicher nicht allzu lange gebraucht, um herauszufinden, daß die Figuren drei, fünf und neun durch Drehung aus der Figur eins hervorgegangen sind.

Buchstabenlücken
Hier sind einige Beispiel:

IDEN; DIANA; DIANE; EDEN; DAUNE; DEINE; DÜNE; DÄNE...

2. Woche - 5. Übungstag

Fortsetzung

Tatsachen mit Namen verknüpfen
Nun ordnen Sie zu!
Vergleichen Sie dann Ihr Ergebnis mit dem Text der vorhergehenden Seite.

Renate	Bett	Grappa	Sabine
Pauline	Gardine	Jura	Hund
Karl	Florian	Studium	Fisch

Die alte Dampfeisenbahn
Versuchen Sie bitte, diese Fragen aus dem Gedächtnis zu beantworten, und blättern Sie erst zum Vergleich wieder zurück.

- Wie viele Räder haben Lokomotiven und Tender?

____

- Welches Wort steht auf der Seite?

____

- Wo ist die Glocke?

____

Phase III: Merk - Zettel

Wissenswertes

CD: Musik über Laserstrahl

CD ist die Abkürzung für Compact Disc. Das bedeutet, es handelt sich um eine Scheibe, auf der viele Informationen auf kleinstem Raum gespeichert sind.

Eine Compact Disc hat einen Durchmesser von rund 12 cm, ein Gewicht von 10 g und eine Spieldauer von ungefähr einer Stunde. Im Gegensatz zur herkömmlichen Langspielplatte ist die CD nur auf einer Seite bespielt. Da keine Nadel die Oberfläche der CD berührt, wird sie beim Abspielen weder zerkratzt noch abgenutzt.

Ein Laserstrahl tastet die Scheibe spiralförmig ab und wertet die winzig kleinen Vertiefungen und die dazwischenliegenden ebenen Stellen auf der Abspielspur aus. Die Vertiefungsstruktur entspricht einer digitalen Verschlüsselung, die von den Schallschwingungen abgeleitet wurde.

Der verwendete Zweiercode arbeitet mit den Zahlenwerten 0 und 1. Die Zahlenwerte lassen sich in elektrische Wellen umwandeln, die im Lautsprecher zu Schallwellen werden. Durch den Frequenzgang von 20 Hz - 20 kHZ kann ein einzelner Trommelschlag wie auch das Crescendo eines Orchesters fast originalgetreu wiedergegeben werden.

Wenn der Laserstrahl die rotierende Scheibe abtastet, wird er von den Vertiefungen und Flachstellen verschieden zurückgeworfen. Diese Reflexionswerte formt eine lichtempfindliche Vorrichtung in elektrische Signale um. Diese werden verstärkt und den Lautsprechern zugeleitet. Hier werden sie wieder in die ursprünglichen Schallwellen verwandelt.

2. Woche - 5. Übungstag

Planungsbogen für den Tag Datum:

Vormittag:

Nachmittag:

Abend:

Mein besonderes Tagesziel:

Phase III:

Merk-Zettel - Fragen zum Vortag

Wissenswertes

* Wie wird der Videotext noch bezeichnet?

* Wann wurde Videotext als regulärer Informationsdienst von ARD und ZDF eingeführt?

* Welche weiteren Geräte sind notwendig zum Empfang von Videotexten?

* Welche Vorteile bietet der Videotext?

2. Woche - 5. Übungstag

Zum Tagesplan des Vortages

Haben Sie gestern Ihren Tagesplan eingehalten? Schreiben Sie hier bitte auf, was Sie gestern erledigt haben.

Vormittag:______________________________

____

____

Nachmittag:_____________________________

____

____

Abend:_________________________________

____

____

Mein besonderes Tagesziel war:______________

____

____

____

Phase IV: Denk - Mal

Knobelaufgaben

Spiel 24

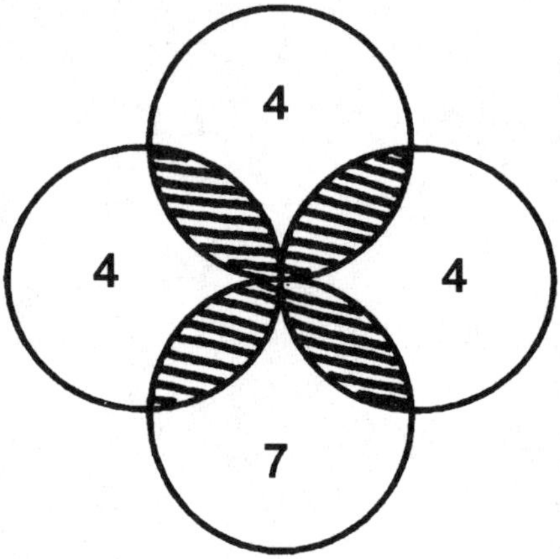

Ziege, Wolf und Krautkopf

Am Ufer eines Flusses steht ein Mann mit einem Wolf, einer Ziege und einem Krautkopf. Er findet ein winziges Boot, worin außer ihm selbst als Ruderer immer nur eines der drei mitgeführten Dinge Platz hat. Der Mann steht nun also nicht nur am Ufer, sondern auch vor einem großen Problem: Den Wolf und die Ziege kann er nicht alleine lassen, sonst zerreißt der eine die andere. Die Ziege und der Krautkopf dürfen aber auch nicht zusammen an einem Ufer bleiben, sonst frißt die Ziege das Gemüse. Was tun?
Er muß also auf der ersten Fahrt die Ziege hinüberschaffen, denn der Wolf macht sich nichts aus Kohl. Wie aber geht's dann weiter?

2. Woche - 5. Übungstag

Tip des Tages

Obstsalat
Heute bleibt die Küche kalt!
Machen Sie einen Obstsalat mit Früchten der Saison. Das ist lecker, erfrischt und ist sehr gesund. Im Obst sind viele wichtige Vitamine und Mineralien enthalten, die den Stoffwechsel des Körpers erleichtern und verbessern.

Lern-Strategie

Namen einprägen durch Verknüpfungen
Oft können Sie sich noch sehr gut an einen Menschen erinnern, nur der Name fällt Ihnen nicht mehr ein. Wir merken uns leichter Eigenschaften, Ereignisse oder Bilder, die mit einem Menschen verbunden sind, als einen Namen. Wenn sich Ihnen jemand mit Namen vorstellt, dann können Sie sich den Namen leichter einprägen, wenn Sie ihn mit
- einer Eigenschaft: Bruno der Starke, Anna die Schöne,
- einer Tatsache: Peter mit dem Hund, Karl vom Kiosk,
- einem Bild: Herr Fischer im Boot, Herr Meurer als Maurer

verbinden.
Geben Sie neu kennengelernten Leuten zu ihrem Namen gleich einen Zusatz; am besten einen, der Ihnen spontan einfällt.
Sprechen Sie die Leute, die Sie wiedertreffen, mit ihrem Namen an. Das macht Sie sympathisch, Sie kommen schneller in Kontakt und haben mehr Freude am Umgang mit anderen.

Phase IV: Lösungen und Denk - Netz

Lösungen der Knobelaufgaben

Hier ist die Lösung:

Spiel 24

4 - 4 - 4 - 7
4 + **4** = 8
7 - **4** = 3
3 x 8 = 24

Ziege, Wolf und Krautkopf
Sagen Sie nicht, es war Ihnen zu leicht!
Wie lange haben Sie gebraucht, um herauszufinden, daß der Mann 7 Mal über den Fluß fahren mußte?

1. Hinfahrt mit der Ziege - Rückfahrt leer
2. Hinfahrt mit dem Krautkopf - Rückfahrt mit der Ziege
3. Hinfahrt mit dem Wolf - Rückfahrt leer
4. Hinfahrt mit der Ziege

2. Woche - 5. Übungstag

Denk - Netz

Hier ist Platz für Ihr Denk-Netz zum "Wissenswerten" aus dem Merk-Zettel von heute.

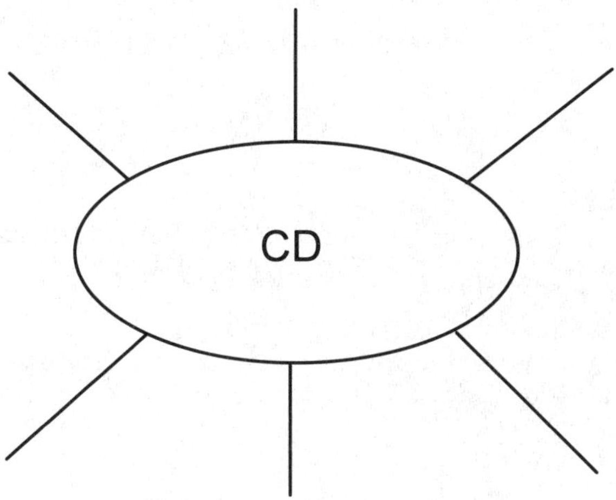

Kür-Phase V: Kopf-Kino

Führen Sie im Laufe des Tages Ihr Kopf-Kino-Programm durch, immer dann, wenn Sie Zeit und Lust dazu haben.

Phase I: Aufwärmübung

1. Teil: Atemtechnik

Denken Sie bitte an den Atem-Rhythmus:
6 Pulsschläge lang einatmen, 3 Pulsschläge lang die Luft anhalten, 6 ausatmen, 3 Pause und wieder langsam einatmen.
Wiederholen Sie diesen Atem-Rhythmus etwa 20 Mal.

Stellen Sie sich langsam anrollende, riesige Meereswellen vor.

2. Woche - 6. Übungstag

2. Teil: Gymnastische Übungen

Gegengleiches Armkreisen

Heute sollen Sie einen angenehmen Schwung finden und sich beschwingt fühlen.

- Stellen Sie sich in leichter Grätschstellung auf.
- Die Arme hoch halten und gleichzeitig den rechten Arm vorwärts und den linken Arm rückwärts kreisen und umgekehrt.
- Mit jedem Gegenarmkreis sollten Sie eine Rumpf- und Beinfederung ausführen.

Isometrische Übung

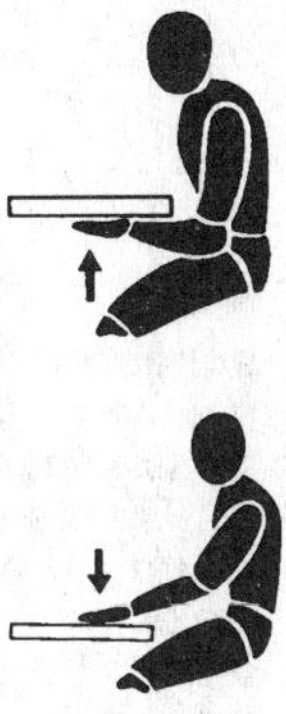

- Legen Sie beide Handflächen Ihrer ausgestreckten Hände unter eine Fläche (Tischplatte o.ä.).
- Bauen Sie eine Spannung auf, indem Sie gegen die Fläche drücken.
- Danach legen Sie die Hände auf die Fläche und verfahren in der gleichen Weise.
- Jede Übung 3 Mal wiederholen und jeweils 6 Sekunden die Spannung halten.

Phase II: Basistraining

1. Teil: Informationsaufnahme

Wortspiel
Heute wird mal wieder Ihre sprachliche Gewandtheit und Kreativität auf die Probe gestellt. Sie sollen sinnverwandte Wörter suchen. Dabei müssen Sie ein Wort aus verschiedenen Blickwinkeln betrachten. So kann "schön" die Bedeutung lieb, hübsch, goldig, nett, angenehm oder melodisch haben.
Versuchen Sie nun, für die untenstehenden Begriffe mindestens 6 Synonyme zu finden.

heiß: ____

____

weich: ____

____

einfach: ____

____

Welches ist der nächste Buchstabe?
Versuchen Sie bitte herauszubekommen, welcher von den vorgeschlagenen Buchstaben die Reihe richtig fortsetzt. Jede Buchstabenfolge hat nämlich einen regelmäßigen Rhythmus.
Beispiel: a c e g __ (h i j l)
In dieser Folge ist jeder zweite Buchstabe des Alphabets enthalten. Die richtige Fortsetzung ist also der Buchstabe "i".
Wie werden diese Reihen fortgesetzt?

1. D G J M __ (N O P Q R)
2. t p l h __ (f e d b a)
3. Z X W U __ (U T S R Q)
4. A G M S __ (V W X Y Z)

2. Woche - 6. Übungstag

2. Teil: Informationsspeicherung

Wortliste

Versuchen Sie sich bitte, diese Wörter zu merken. Sie können Ihrem Kurzzeitgedächtnis eine Hilfe geben, indem Sie sich eine Geschichte dazu ausdenken.

Käse - Schraubenmutter - Fabrik - Ehrensache - Medizin - Bruder - Gummi - Mut - Zucker

Namen und Gesichter

Versuchen Sie bitte, sich die Namen und Gesichter einzuprägen. Anschließend blättern Sie um.

Kurt Godert

Max Podlier

Albert Tulsky

Ernst Wegnar

Franz Ohlsten

Hugo Späth

Phase II: Lösungen und Fortsetzung

Lösungen

Wortspiele

Wenn Ihnen mehr als 6 Synonyme zu jedem Stichwort eingefallen sind, zählen Sie zu den sprachlich äußerst gewandten und kreativen Menschen.

Hier nun eine Zusammenstellung von sinnverwandten Begriffen, von denen Sie einige sicher auch aufgeschrieben haben.

heiß: warm, feurig, brennend, lodernd, leuchtend, heikel, erregend, verschwitzt, sexy, gestohlen

weich: nachgiebig, sanft, formbar, gefühlvoll, empfindlich, geschmeidig, verzärtelt, seidig, elastisch, leise

einfach: schlicht, unkompliziert, naiv, dumm, schmucklos, leicht, derb, beschränkt, simpel, rudimentär

Welches ist der nächste Buchstabe?

Das sind die richtigen Buchstaben:

1. P
2. d
3. T
4. c

2. Woche - 6. Übungstag

Fortsetzung

Wortliste

Haben Sie sich alle Wörter merken können? Dann schreiben Sie die Wörter hier auf. Die Reihenfolge spielt dabei keine Rolle.

Namen und Gesichter

Hier sind noch einmal die Gesichter der Vorderseite. Schreiben Sie zu jedem den richtigen Namen.

Phase III: Merk - Zettel

Wissenswertes

Mikrowellen: heißes Essen, kaltes Geschirr

Für viele Leute ist ein Mikrowellenherd ein Buch mit sieben Siegeln. Im Gegensatz zu herkömmlichen Herden erhitzt er Speisen, ohne selbst warm zu werden. Sie beenden den Garvorgang in einem Bruchteil der Zeit, die sonst dafür erforderlich ist. Das Geheimnis dieses raschen Garens liegt in einer Vorrichtung, die man als Magnetron bezeichnet. Wenn der Herd angestellt wird, schießt das Magnetron Mikrowellen gegen die Blätter eines rotierenden Gebläses, das sie in alle Richtungen streut. Die Mikrowellen werden von den Wänden des Herdes zurückgeworfen und durchdringen die Speisen. Sobald die Wellen auf Feuchtigkeit in den Speisen stoßen, beginnen die Wassermoleküle, sich sehr schnell zu bewegen. Dadurch wird Wärme erzeugt, durch die das Gericht gegart wird.
Da alle Energie von den Speisen aufgenommen und nichts zum Aufheizen der Umluft oder des Gerätes verschwendet wird, ist die Mikrowelle meist schneller und wirtschaftlicher als herkömmliche Kochmethoden.
Die Mikrowellen erwärmen das Kochgeschirr nicht, wenn dessen Material, z.B. Porzellan oder Glas, keine Energie aus dem Magnetfeld aufnimmt. Allerdings wird das Geschirr von den darin enthaltenen Speisen erwärmt.
Metallgefäße darf man nicht verwenden, weil sie Mikrowellen nicht durchlassen, sondern reflektieren oder speichern.
Mikrowellen sind eine Energieform, die dem Licht ähnelt. Mikrowellen aus dem Weltraum treffen ständig auf die Erde, aber sie sind so schwach, daß sie keine Wirkung auf uns ausüben. Die in den Herden verwendeten Mikrowellen sind wesentlich stärker.

2. Woche - 6. Übungstag

Planungsbogen für den Tag Datum:

Vormittag:

Nachmittag:

Abend:

Mein besonderes Tagesziel:

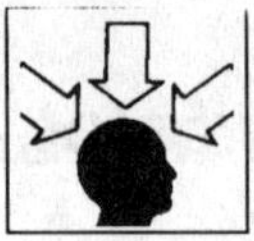

Phase III:
Merk-Zettel - Fragen zum Vortag

Wissenswertes

* Für welches Wort steht die Abkürzung CD?

* Welche Vorteile bietet die CD im Vergleich zur Langspielplatte?

* In welcher Art sind die Töne verschlüsselt?

* Nennen Sie wichtige Bestandteile des CD- Spielers!

2. Woche - 6. Übungstag

Zum Tagesplan des Vortages

Haben Sie gestern Ihren Tagesplan eingehalten? Schreiben Sie hier bitte auf, was Sie gestern erledigt haben.

Vormittag:

Nachmittag:

Abend:

Mein besonderes Tagesziel war:

Phase IV: Denk - Mal

Knobelaufgaben

Spiel 24

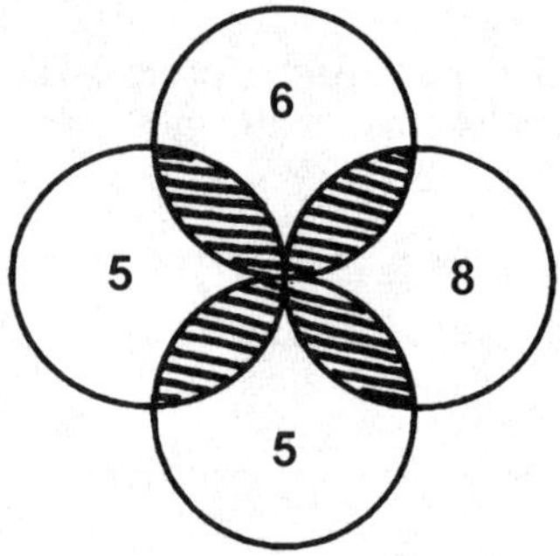

Streichholzknobelei

Diese 7 Streichhölzer bilden ein Dreieck. Versuchen Sie, ohne ein Hölzchen hinzuzufügen oder wegzulassen, daraus 3 Dreiecke zu machen.

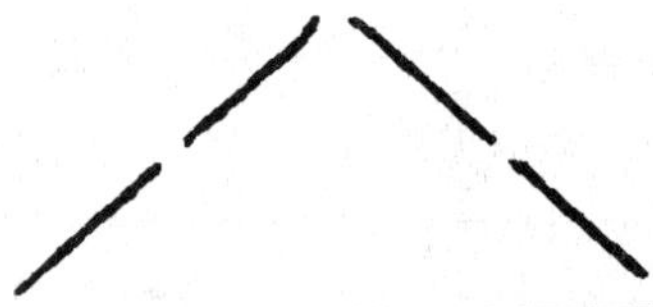

2. Woche - 6. Übungstag

Tip des Tages

Umweltschutz

Alle reden vom Umweltschutz. Aber nur durch Reden ist unsere Umwelt nicht zu schützen. Wir müssen handeln! Jeder muß seinen Beitrag leisten.
Fangen wir doch am besten noch heute damit an. Reduzieren wir den Abfall. Dies scheint noch wichtiger zu sein, als gezielte Abfallbeseitigung. Pro Jahr produziert im Durchschnitt jeder Bundesbürger 8 Zentner Abfall.
Bei der Abfallbeseitigung dürfen wir nicht zu sorglos sein. Viele Stoffe, z.B. Papier, Altkleider, Glas kann man wiederverwenden. Es gibt auch im Haushalt eine Menge Stoffe, die auf den Abfalldeponien gefährlich werden können, weil sie unser Grundwasser verseuchen. Dazu gehören Batterien, Medikamente, Öl. Erkundigen Sie sich bei Ihrer Gemeindeverwaltung nach Möglichkeiten der Abfallbeseitigung und des aktiven Umweltschutzes.

Lern-Strategie

Pause mit Methode

"Aufhören, wenn es am schönsten ist!" Eine uralte Methode, die auch beim Lernen helfen kann. Wenn es gerade gut läuft und Sie Spaß an den Übungen haben, machen Sie ruhig eine Pause. Ein bißchen erholt und mit viel Elan werden Sie dann wieder an die Aufgabe herangehen.
Mit Freude gelernt, ist immer noch am besten gelernt.

Phase IV: Lösungen und Denk - Netz

Lösungen zu den Knobelaufgaben

Hier ist die Lösung:

Spiel 24

6 - 5 - 8 - 5
6 + **5** = 11
11 + **8** = 19
19 + **5** = 24

Streichholzknobelei
Fordern Sie doch mal Ihre Freunde oder Verwandten mit einer solchen Knobelei heraus.
Haben Sie gemerkt, daß Ihnen eine solche Aufgabe am besten gelingt, wenn Sie sich von der Ausgangsposition freimachen?
Wenn nicht, probieren Sie es bei der nächsten Knobelei mal aus.
Aber nun zur Lösung der Aufgabe:

2. Woche - 6. Übungstag

Denk - Netz

Hier ist Platz für Ihr Denk-Netz zum "Wissenswerten" aus dem Merk-Zettel von heute.

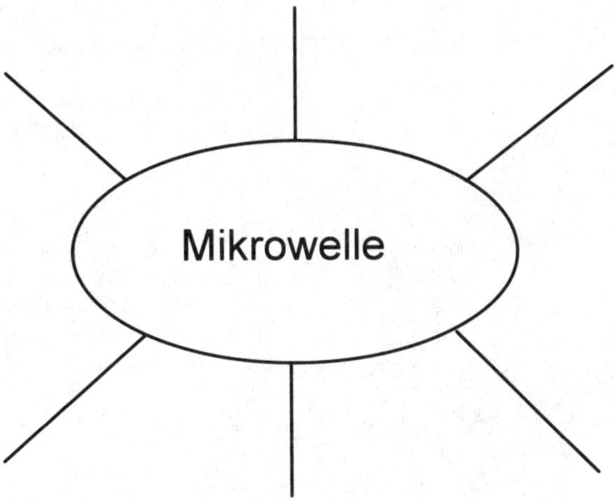

Kür-Phase V: Kopf-Kino

Führen Sie im Laufe des Tages Ihr Kopf-Kino-Programm durch, immer dann, wenn Sie Zeit und Lust dazu haben.

Phase I: Aufwärmübung

1. Teil: Atemtechnik

Denken Sie bitte an den Atem-Rhythmus:
6 Pulsschläge lang einatmen, 3 Pulsschläge lang die Luft anhalten, 6 ausatmen, 3 Pause und wieder langsam einatmen.
Wiederholen Sie diesen Atem-Rhythmus etwa 20 Mal.

Stellen Sie sich langsam anrollende, riesige Meereswellen vor.

2. Woche - 7 Übungstag

2. Teil: Gymnastische Übungen

Scheibenwischer

Heute geht's an die Bauchmuskulatur.
Legen Sie sich in Rückenlage auf den Boden und winkeln Sie die Arme in 90-Gradstellung seitlich vom Körper ab. Führen Sie die Übung langsam durch.
Hüft- und Kniegelenk nehmen einen Winkel von 90 Grad ein. Führen Sie nun abwechselnd die Beine von der einen Seite zur anderen, ohne diese am Boden abzulegen.
Versuchen Sie, diese Übung 40 Sekunden lang durchzuführen.

Isometrische Übung

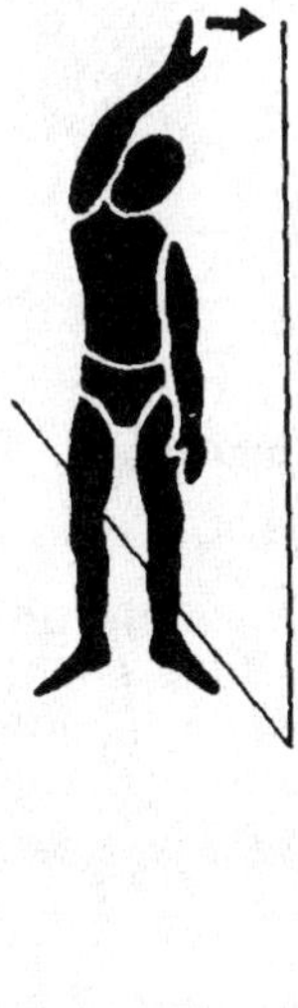

Führen Sie die Übung 3 Mal durch. Spannen Sie Ihre Muskeln jeweils 6 Sekunden mit maximaler Kraft an und lassen Sie dann sofort los und entspannen Sie. Vergessen Sie nicht, auch während der Anspannung zu atmen.
Stellen Sie sich seitlich mit der linken Schulter an eine Wand oder an einen Türrahmen. Führen Sie erst die rechte Hand über den Kopf und drücken Sie mit der Handfläche gegen die Wand oder den Türrahmen. Dann wechseln Sie die Seite und drücken entsprechend mit der linken Hand gegen den Widerstand.

Phase II: Basistraining

1. Teil: Informationsaufnahme

Liniengewirr

Jeder Faden verbindet eine Zahl mit einem Buchstaben. Versuchen Sie herauszubekommen, welche Zahl und welcher Buchstabe zusammengeführt werden. Sie dürfen die Linien aber nur mit den Augen abtasten!

1 und __	4 und __	7 und __	10 und __
2 und __	5 und __	8 und __	11 und __
3 und __	6 und __	9 und __	12 und __

Wörtereintopf

Bevor Sie diesen Satz lesen können, müssen Sie zuvor die Wörter "umrühren", damit die Reihenfolge wieder stimmt.

" neie welsbach cmaht honc nekine mesmor "

2. Woche - 7. Übungstag

2. Teil: Informationsspeicherung

Mondlandung
Am 20.07.1969 betraten die Amerikaner Armstrong und Aldrin als erste Menschen den Mond. Der dritte Astronaut Collins wartete im Raumschiff Apollo II auf die Rückkehr der beiden von der Mondoberfläche.

Blättern Sie jetzt bitte um.

Schwarz - Weiß - Malerei
Versuchen Sie bitte, sich die Figuren genau einzuprägen. Danach blättern Sie um.

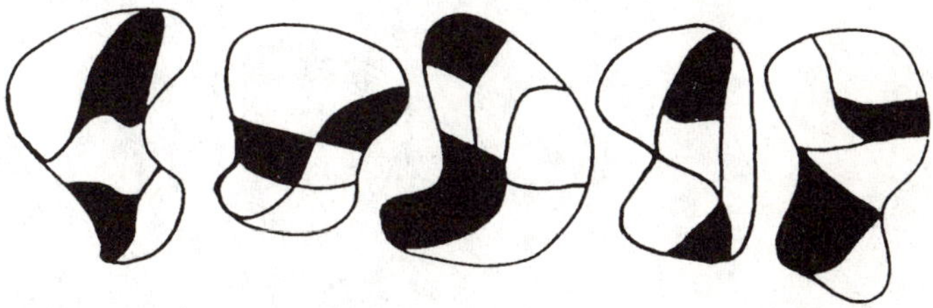

Phase II: Lösungen und Fortsetzung

Lösungen

Liniengewirr

Überprüfen Sie nun Ihr Ergebnis. Bei Unklarheiten können Sie die Linien mit einem Stift nachfahren, um Ihre Fehlerquellen zu finden.

1 und H	4 und C	7 und D	10 und G
2 und B	5 und I	8 und E	11 und L
3 und J	6 und A	9 und F	12 und K

Wörter-Eintopf

Haben Sie es herausgefunden?

"Eine Schwalbe macht noch keinen Sommer."

2. Woche - 7. Übungstag

Fortsetzung

Mondlandung
Bitte beantworten Sie diese Fragen aus dem Gedächnis:

1. Wie hießen die beiden ersten Menschen auf dem Mond?

2. Wann war die erste Mondlandung?

3. Wie hieß das Raumschiff?

4. Welcher Astronaut wartete auf die Rückkehr der beiden?

Zur Kontrolle blättern Sie bitte zur vorhergehenden Seite.

Schwarz - Weiß - Malerei
Nun sind alle Figuren weiß. Malen Sie bitte die richtigen Felder wieder schwarz. Blättern Sie aber nicht zu früh zurück.

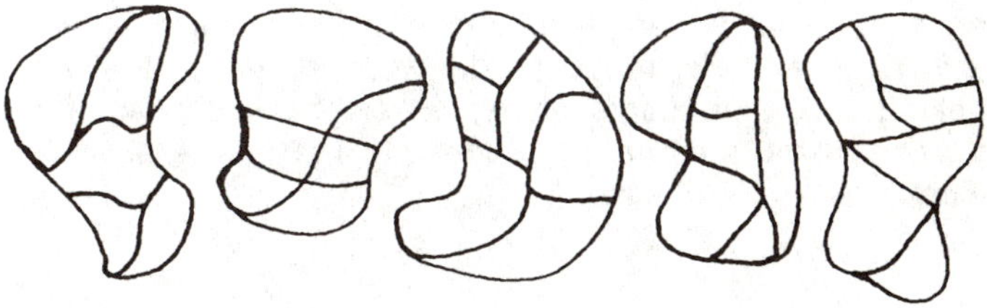

Phase III: Merk - Zettel

Wissenswertes

Der Weg einer Münze durch einen Automaten

Mit den Münzen, die man in den Schlitz eines Automaten wirft, kann man alle möglichen Waren oder Dienstleistungen herausholen: Fahrkarten, Telefongespräche, Getränke oder Lebensmittel. Wenn man Glück hat, auch den Jackpot aus einem Spielautomaten.

Bevor die Maschine jedoch etwas liefert, läßt sie jede Münze eine Reihe von Prüfungen durchlaufen. Münzen mit falschen Nennwert, fremde Währungen, Falschgeld und wertlose Blechscheiben nimmt sie nicht an.

Jede Münztype dieser Welt hat ihre charakteristischen Eigenschaften. Münzen unterscheiden sich nach Durchmesser, Stärke und Gewicht, außerdem nach ihrer chemischen Zusammensetzung. In einem Münzautomaten werden alle diese Eigenschaften überprüft. Nur Münzen, die in der Maschine auf den richtigen Weg gelangen, lösen den Mechanismus aus.

Die meisten Münzautomaten funktionieren nach folgendem Schema: die erste Prüfung erfolgt bereits im Einwurfschlitz. Zu große, zu dicke und stark verbogene Münzen passen nicht hinein.

Bei einer passenden Münze prüft oft ein Stift, ob sie gelocht ist (um z.B. Unterlegscheiben zu erkennen). Die Münze fällt dann auf eine genau ausbalancierte Münzwaage. Hat sie das richtige Gewicht, kippt die Waage, und die Münze gelangt auf eine Laufschiene. Ist sie zu leicht, kippt die Waage nicht nach unten, und die Münze gerät in die Rückgabe.

2. Woche - 7. Übungstag

Planungsbogen für den Tag Datum:

Vormittag:

Nachmittag:

Abend:

Mein besonderes Tagesziel:

Phase III:
Merk-Zettel - Fragen zum Vortag

Wissenswertes

* Wodurch werden die Speisen erhitzt bei der Mikrowelle?

* Warum können Mikrowellen Speisen schneller garen als herkömmliche Kochmethoden?

* Welches Geschirr sollte in einer Mikrowelle nicht verwendet werden?

* Was versteht man unter einem Magnetron?

* Seit wann sind Mikrowellen auf den Markt?

2. Woche - 7. Übungstag

Zum Tagesplan des Vortages

Haben Sie gestern Ihren Tagesplan eingehalten? Schreiben Sie hier bitte auf, was Sie gestern erledigt haben.

Vormittag:

Nachmittag:

Abend:

Mein besonderes Tagesziel war:

Phase IV: Denk - Mal

Knobelaufgaben

Spiel 24

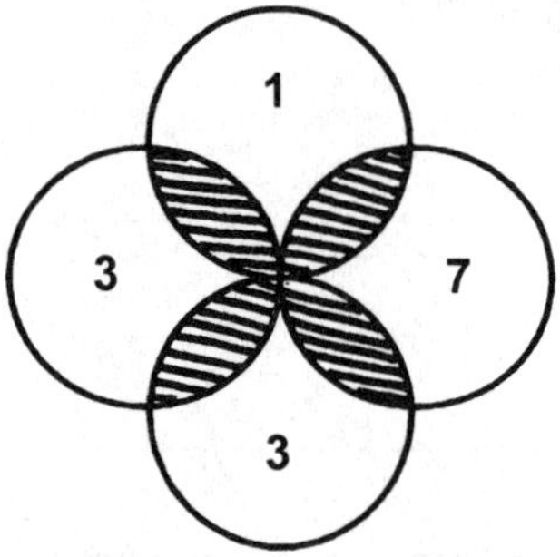

Der Swimming - Pool

Ein Millionär hat einen schönen Garten, in dem es auch einen Swimming-Pool gibt. Jetzt möchte er diesen Pool vergrößern. Und zwar soll die Oberfläche genau doppelt so groß sein und die quadratische Form soll beibehalten werden. Normalerweise wäre das ja kein Problem, aber leider steht an jeder Ecke ein alter Baum. Diese Bäume dürfen auf keinen Fall abgeholzt werden.

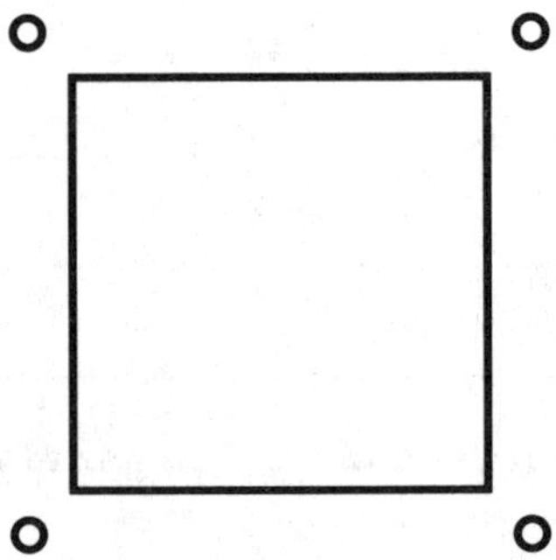

Ist unter diesen Umständen das Problem überhaupt zu lösen?

Versuchen Sie doch bitte, diesem armen Millionär zu helfen.

2. Woche - 7. Übungstag

Tip des Tages

Ahnengalerie
Berühmte Leute haben eine Ahnengalerie.
Machen Sie sich doch auch eine. Familienforschung hat im Augenblick Hochkonjunktur. Viele Menschen haben das Interesse daran gefunden, die Geschichte der eigenen Familie und Vorfahren kennenzulernen.
Versuchen Sie, die Geschichte Ihrer Familie aufzuschreiben. Vielleicht gab es ja sehr interessante und bekannte Leute dabei. Woher stammen die Verwandten, wohin sind sie gegangen?
Welche Bedeutung hat der Name?
Hilfreich bei den Forschungen sind Einwohnermeldeämter, Geburtsurkunden, Kirchenbücher und natürlich die Büchereien.

Lern-Strategie

Bedeutung geben bei Zahlen
Lange Zahlen oder Telefonnummern lassen sich nur schwer behalten. Geben Sie den Zahlen eine Bedeutung, und Sie können Sie sich leichter merken.
Entdecken Sie Ähnlichkeiten mit Geburtstagsdaten, Autokennzeichen, Jahreszahlen oder kleinen Rechenaufgaben.
Wenn Sie sich die Zahl 3264520 anschauen, werden Sie entdecken, daß 3 mal 2 die Zahl 6 ergibt, und das 4 mal 5 gleich 20 ist. So prägen Sie sich Zahlen viel leichter ein.

Phase IV: Lösungen und Denk - Netz

Lösungen der Knobelaufgaben

Hier ist die Lösung:

Spiel 24

1 - 3 - 7 - 3
1 x **7** = 7
7 x **3** = 21
21 + **3** = 24

Der Swimming - Pool
Es gibt tatsächlich eine Lösung.
Der gestrichelt eingezeichnete Pool hat genau die doppelte Wasseroberfläche wie der alte.

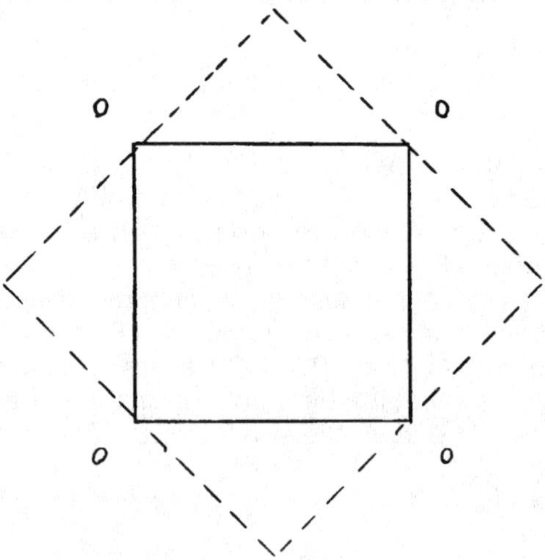

2. Woche - 7. Übungstag

Denk - Netz

Hier ist Platz für Ihr Denk-Netz zum "Wissenswerten" aus dem Merk-Zettel von heute.

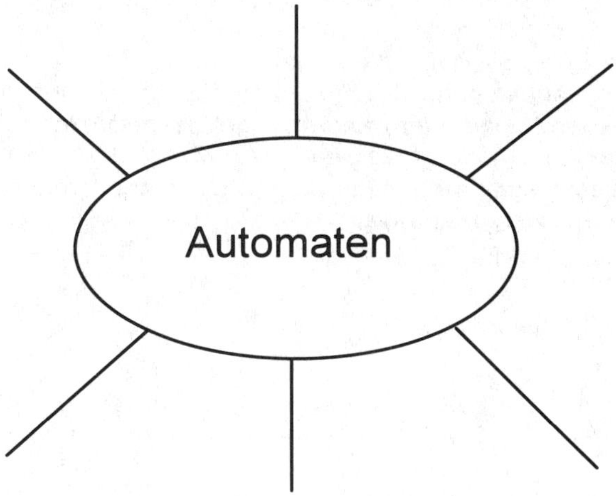

Kür-Phase V: Kopf-Kino

Führen Sie im Laufe des Tages Ihr Kopf-Kino-Programm durch, immer dann, wenn Sie Zeit und Lust dazu haben.

Phase I: Aufwärmübung

1. Teil: Atemtechnik

Denken Sie bitte an den Atem-Rhythmus:
6 Pulsschläge lang einatmen, 3 Pulsschläge lang die Luft anhalten, 6 ausatmen (dabei einen U-Ton erzeugen), 3 Pause und wieder langsam einatmen.

Wiederholen Sie diesen Atem-Rhythmus etwa 10 Mal.

Schließen Sie dabei die Augen und stellen Sie sich das Bild einer langsamen, gleichmäßigen Bewegung vor: langsam anrollende und ausrollende riesige Meereswellen, oder sich leicht im Wind bewegende Kornfelder, oder sich majestätisch wiegende Baumwipfel, oder langsam am Himmel ziehende Wolken.

3. Woche - 1. Übungstag

2. Teil: Gymnastische Übungen

Dehnung der Wadenmuskulatur

Eine Übung, die besonders wohltuend nach langen Spaziergängen oder langem Stehen wirkt.

- Stützen Sie sich mit den Händen an der Wand ab.
- Jeweils ein Knie durchgedrückt - die Fersen am Boden - das andere Knie angewinkelt, damit Sie das Gleichgewicht besser halten können.
- Beugen Sie nun die Arme bei gestrecktem Körper, bis eine Wadendehnung spürbar ist.
- Halten Sie die Stellung so lange es Ihnen angenehm ist.

Isometrische Übung

Wie gewohnt führen Sie die Übung 3 x jeweils 6 Sekunden lang mit jedem Bein durch.

- Legen Sie ein gestrecktes Bein seitlich auf einen Stuhl oder einen Hocker.
- Drücken Sie nun mit der Ferse gegen die Fläche und bauen so eine Spannung auf.

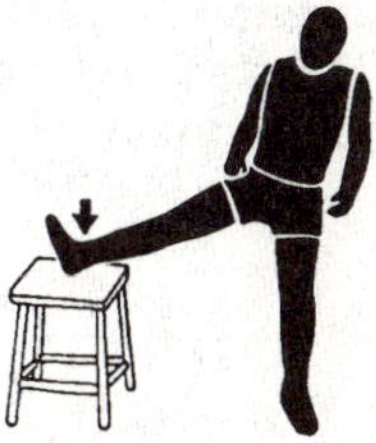

Phase II: Basistraining

1. Teil: Informationsaufnahme

Umwandlungsrätsel
In dieser Aufgabe sollen Wörter in andere Wörter umgewandelt werden, so als würde man die Buchstaben des Wortes, z.B. **USA**, auseinandernehmen, um daraus ein neues Wort zu machen: z.B. **aus.**
Versuchen Sie es mal mit folgenden Wörtern. Vielleicht fallen Ihnen ja auch mehrere Möglichkeiten auf.

Neger:________________ Arno:________________

Dia:________________ Star:________________

Seil:________________ Biere:________________

Rang:________________ Reis:________________

Die zwei "Quadrate"
Sehen Sie sich die abgebildete Figur genau an. Es sind zwei ineinander gezeichnete Quadrate, deren Ecken miteinander verbunden sind.
Oder sehen Sie auch etwas anderes? Vielleicht etwas Räumliches?

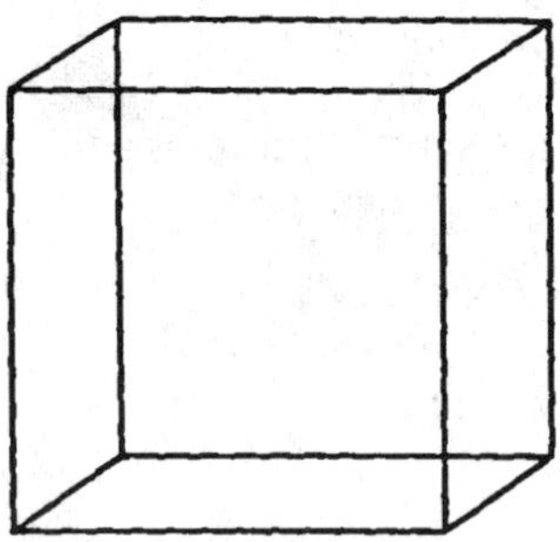

3. Woche - 1. Übungstag

2. Teil: Informationsspeicherung

Telefonnummern

Prägen Sie sich bitte die Telefonnummern ein. Setzen Sie dann die Übung auf der nächsten Seite fort.

359214   438229   702715

Jazz

Jazz ist eine in Nordamerika zu Beginn des 20. Jahrhunderts entstandene Musikform. In ihr fließen europäische und afrikanische Elemente zu einer eigenen Musikrichtung zusammen.
Die Musikinstrumente eines Jazzorchesters sind:
Flügel, Baß, Schlagzeug, Trompeten, Posaunen, Altsaxophon, Tenorsaxophon, Baritonsaxophon.
Blättern Sie jetzt bitte um.

Phase II: Lösungen und Fortsetzung

Lösungen

Umwandlungsrätsel

Neger:	REGEN	Arno:	NORA
Dia:	IDA	Star:	RAST
Seil:	LIES	Biere:	REIBE
Rang:	GARN	Reis:	RIES

Die zwei "Quadrate"
Wenn Sie die Zeichnung eine Weile auf sich wirken lassen, werden Sie bestimmt einen Würfel sehen. Vielleicht fängt der Würfel an, sich zu bewegen. Mal ist die Vorderseite links unten, mal rechts oben. Versuchen Sie es einmal.

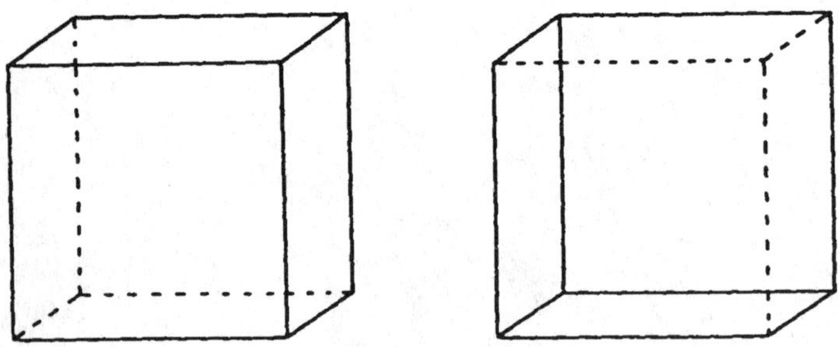

3. Woche - 1. Übungstag

Fortsetzung

Telefonnummern
Versuchen Sie hier, aus dem Gedächnis alle drei Telefonnummern aufzuschreiben. Erst dann zurückblättern.

Jazz
Erinnern Sie sich noch an die Musikinstrumente? Schreiben Sie sie bitte auf, die Reihenfolge ist dabei nicht so wichtig:

Phase III: Merk - Zettel

Wissenswertes

Warum ist der Himmel blau?
Schauen Sie mal aus dem Fenster! Ist der Himmel trüb und grau, strahlend blau oder erscheint er sogar in zarten Rot-Violett-Tönen?
Wie kommt es, daß unser Auge die Luft, die doch immer gleich ist, in so verschiedenen Farben wahrnimmt?
Die Erde ist von einer durchsichtigen Hülle umgeben, der Atmosphäre. In der Atmosphäre schweben Millionen winziger Teilchen, die Gasmoleküle. Wenn diese vom Sonnenlicht getroffen werden, prallt das Licht von ihnen ab und wird gestreut wie durch ein Prisma. Es zerlegt sich in seine Bestandteile, in die Farben des Regenbogens. Jede dieser Farben hat ihre eigene Wellenlänge: Rot und Gelb haben die größte, Blau und Violett die kleinste Wellenlänge.
Wenn die Sonne morgens oder abends tief am Himmel steht, müssen ihre Strahlen eine längere Strecke durch die Atmosphäre zurücklegen als am Mittag. Auf diesem langen Weg werden die langwelligen Strahlen der Farben Rot und Orange so stark gestreut, daß der Himmel in diesen Farben erstrahlt. Wir erleben leuchtende **Sonnenauf**- oder -**untergänge** in den Farben Rot, Gelb, Orange, die sich auch an den Unterseiten der Wolken widerspiegeln.
Mittags steht die Sonne hoch am Himmel, der Weg des Lichtes durch die Gasmoleküle der Atmosphäre ist kurz und es wird nur wenig Licht gestreut. Am ehesten das kurzwellige der Farbe Blau, so daß der Himmel blau erscheint.

3. Woche - 1. Übungstag

Planungsbogen für den Tag **Datum:**

Vormittag:

Nachmittag:

Abend:

Mein besonderes Tagesziel:

Phase III:
Merk-Zettel - Fragen zum Vortag

Wissenswertes

* Nennen Sie Waren- oder Dienstleistungen, bei denen die Bezahlung über einen Münzautomaten erfolgt!

* Wodurch unterscheiden sich die Münztypen dieser Welt?

* Nennen Sie Erkennungsstationen im Automaten, wo die falschen Münzen aussortiert werden!

3. Woche - 1. Übungstag

Zum Tagesplan des Vortages

Haben Sie gestern Ihren Tagesplan eingehalten?
Schreiben Sie hier bitte auf, was Sie gestern erledigt haben.

Vormittag:

Nachmittag:

Abend:

Mein besonderes Tagesziel war:

Phase IV: Denk - Mal

Knobelaufgaben

Spiel 24

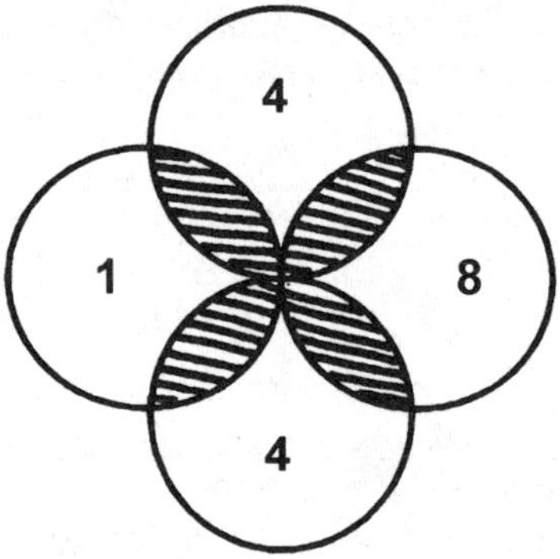

Figur in einem Strich zeichnen
Bestimmt kennen Sie "Das Haus vom Nikolaus", ein Haus, das auf Anhieb mit einem Strich gezeichnet werden soll.
Da das Haus vom Nikolaus den meisten schon bekannt ist, haben wir eine andere Figur ausgesucht, die Sie mit einem Strich - d.h. ohne den Stift ab- und neu aufzusetzen - nachzeichnen sollen.
Nur Mut beim Ausprobieren, auch wenn es nicht gleich auf Anhieb klappt.

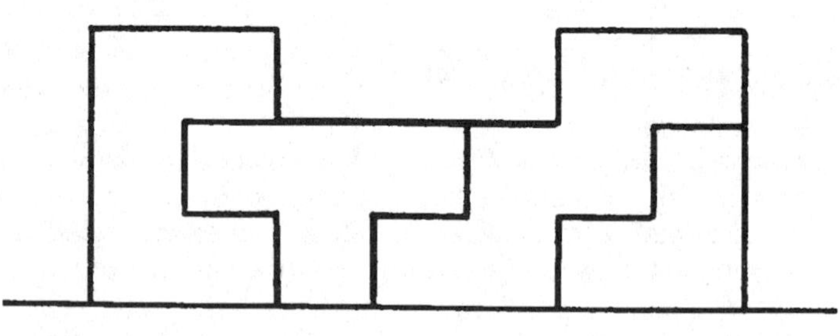

3. Woche - 1. Übungstag

Tip des Tages

Zeitung lesen
Lesen Sie Zeitung? Haben Sie sich schon mal Gedanken darüber gemacht, ob wirklich alles, was in der Zeitung steht, auch wirklich stimmt?
Wenn etwas Interessantes in der Politik, Wirtschaft oder Gesellschaft passiert ist, lesen Sie mehrere Zeitungen! Es gibt ja mehrere Arten von Zeitungen: lokale, überregionale oder sogenannte Boulevardzeitungen. In Bibliotheken liegen viele aus!
Vergleichen Sie, wie die verschiedenen Zeitungen über dieselbe Sache schreiben. Gibt es Unterschiede?
Was gefällt Ihnen besser? Ist alles richtig, was dort schwarz auf weiß gedruckt wird? Wie ist Ihre Meinung darüber?
Wenn Sie Lust haben, schreiben Sie uns doch einen Leserbrief.

Lern-Strategie

Die richtige Informationsmenge
Die Auswahl der richtigen Informationsmenge ist gar nicht so einfach - soll es doch nicht zuviel und nicht zu wenig sein.
Geistig rege ist, wer Informationen aufnimmt und verarbeitet. Was informativ für eine Person ist, hängt davon ab, was sie bereits weiß.
Sind in einer Information zu viel Neuigkeiten enthalten, fühlt man sich sehr schnell angestrengt oder sogar überfordert.
Sind in einer Information zu wenig Neuigkeiten enthalten, Schwierigkeiten, wird man sich sehr schnell langweilen.

Phase IV: Lösungen und Denk - Netz

Lösungen zu den Knobelaufgaben

Hier ist die Lösung:

Spiel 24

4 - 1 - 8 - 4
1 x **4** = 4
4 x **4** = 16
16 + **8** = 24

3. Woche - 1. Übungstag

Denk - Netz

Hier ist Platz für Ihr Denk-Netz zum "Wissenswerten" aus dem Merk-Zettel von heute.

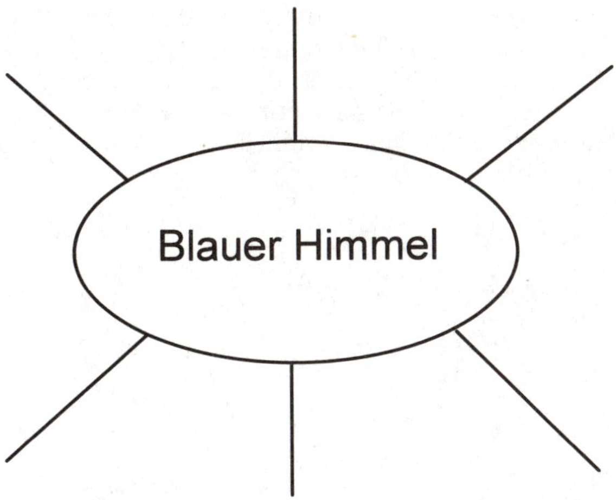

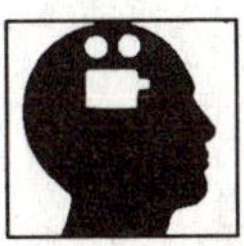

Kür-Phase V: Kopf-Kino

Führen Sie im Laufe des Tages Ihr Kopf-Kino-Programm durch, immer dann, wenn Sie Zeit und Lust dazu haben.

Phase I: Aufwärmübung

1. Teil: Atemtechnik

Denken Sie bitte an den Atem-Rhythmus:
6 Pulsschläge lang einatmen, 3 Pulsschläge lang die Luft anhalten, 6 ausatmen (dabei einen U-Ton erzeugen), 3 Pause und wieder langsam einatmen.
Wiederholen Sie diesen Atem-Rhythmus etwa 10 Mal.
Schließen Sie dabei die Augen und stellen Sie sich das Bild einer langsamen, gleichmäßigen Bewegung vor: langsam anrollende und ausrollende, riesige Meereswellen, oder sich leicht im Wind bewegende Kornfelder, oder sich majestätisch wiegende Baumwipfel, oder langsam am Himmel ziehende Wolken.

3. Woche - 2 Übungstag

2. Teil: Gymnastische Übungen

"Schatten"-Boxen

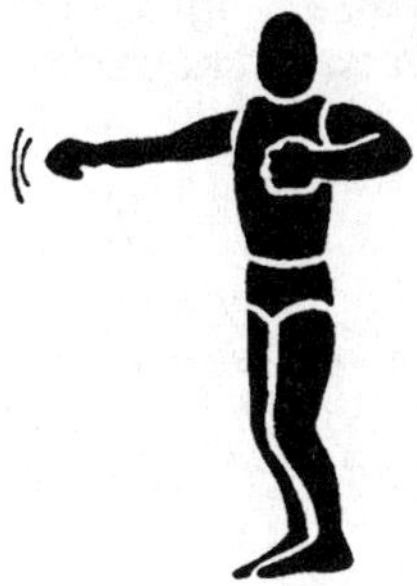

Diese Übung stärkt nicht nur den Brustkorb und die Oberarme, sie kann auch helfen, Aggressionen abzubauen.

- Stehen Sie ganz aufrecht, halten Sie den Kopf hoch, den Rücken gerade, die Füße geschlossen und die Arme an beiden Körperseiten.
- Schließen Sie die Hände zu Fäusten und heben Sie sie in Brusthöhe.
- Ohne die Hände zu öffnen, stoßen Sie zuerst mit dem rechten, dann mit dem linken Arm nach vorne, jeweils 5 Mal mit jedem Arm eine Minute lang.
- Stellen Sie sich ruhig vor, gegen etwas anzuboxen (Sandsack).

Isometrische Übung

- Legen Sie Ihre Hände ausgestreckt übereinander, die Handflächen berühren sich. Üben Sie jetzt entgegengesetzten Druck auf Ihre Hände aus.
- Dann packen Sie Ihren Unterarm mit der jeweils entgegengesetzten Hand und pressen Sie diesen so fest wie möglich zusammen. Vergessen Sie nicht, die Hand zu wechseln.
- Bei jeder Übung 3 Mal 6 Sekunden lang die Spannung halten.

Phase II: Basistraining

1. Teil: Informationsaufnahme

Gleiche Paare

Schauen Sie sich bitte die 2 Zeilen genau an.
Einige sind gleich, andere sind etwas unterschiedlich.
Kreuzen Sie bitte möglichst schnell die Paare an, die genau gleich sind.

DSFGTU	548198	MWOPST	297686	HJKKLM
DSFGUT	548198	MWPOST	297668	HJKKLM

547328	HKKHLE	928628	ZUETWP	568293
547328	HKHKLE	928628	ZUETPW	568923

Wie viele Paare sind es?

Das Dampfroß

Im unteren Bild der alten Dampflokomotive sind einige Fehler.
Versuchen Sie bitte herauszufinden, wieviele und welche es sind. Kreisen Sie sie ein!

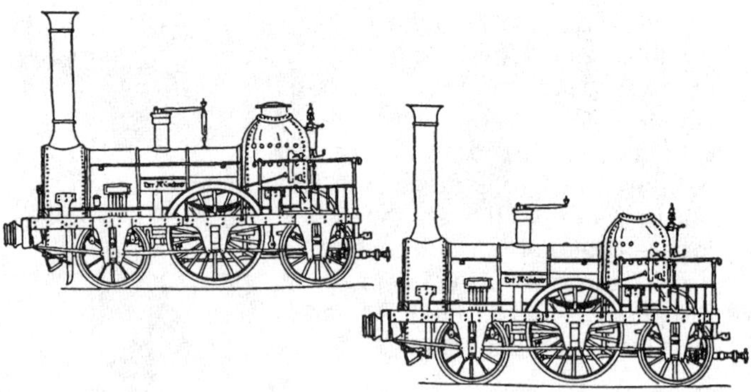

3. Woche - 2. Übungstag

2. Teil: Informationsspeicherung

Zahlenpaare

Prägen Sie sich möglichst schnell diese Zahlenpaare ein. Danach blättern Sie bitte um.

4	5	3	6	1
7	9	0	2	5

Die Backstube

Schauen Sie sich das Bild der Backstube etwa 1 Minute lang sehr genau an. Danach blättern Sie um und beantworten ein paar Fragen.

Phase II: Lösungen und Fortsetzung

Lösungen

Gleiche Paare

Es sind 4 gleiche Paare.

DSFGTU	**548198**	MWOPST	297686	**HJKKLM**
DSFGUT	**548198**	MWPOST	297668	**HJKKLM**

547328	HKKHLE	**928628**	ZUETWP	568293
547328	HKHKLE	**928628**	ZUETPW	568923

Das Dampfroß

Es sind acht Fehler. Haben Sie sie auch eingekreist?

3. Woche - 2. Übungstag

Fortsetzung

Zahlenpaare

Füllen Sie bitte das leere Kästchen mit den Zahlen aus, an die Sie sich noch erinnern. Zum Vergleich können Sie dann wieder zurückblättern.

Die Backstube

Beantworten Sie bitte aus dem Gedächtnis diese Fragen. Erst nach der Beantwortung schauen Sie sich zum Vergleich das Bild auf der vorhergehenden Seite an.

- Wie viele Fenster hat die Backstube?

____

- Was hängt hinten an der Wand?

____

- Links und rechts begrenzen zwei Säulen das Bild. Sind diese Säulen gleich oder verschieden?

____

Phase III: Merk - Zettel

Wissenswertes

Gewitter: Schauspiel aus Blitz und Donner
Drohende Gewitterwolken, die sich rasch zusammenballen und die feuchten, kühlen Winde, die heraufziehendes Gewitter ankündigen, sind in den meisten Regionen der Welt bekannt. Ständig sind irgendwo auf dem Erdball etwa 1800 solcher Gewitter im Gang.
Gewitterwolken beginnen sich zu bilden, wenn ein starker Aufwind aus warmer, feuchter Luft entsteht und in weiter oben liegende kältere Luftmassen einströmt. Die Feuchtigkeit kondensiert (es bilden sich Wassertröpfchen) in der Kälte, wenn sich die Wolken bis zu Höhen von 12000 Metern oder mehr auftürmen. Dann kommt es innerhalb der Wolke zu starken Regen- und Schneefällen und sogar zu Hagel. Die Folge sind heftige Abwinde kalter Luft aus großen Höhen.
Sie zerstreuen die warmen, feuchten Aufwinde. Der Regen läßt nach, der Wind legt sich, und das Gewitter ist fast ebenso plötzlich vorbei, wie es begann.
Aber woher kommen nun die Blitze?
Im aufgewühlten Inneren einer Gewitterwolke bauen sich starke elektrische Ladungen auf. Dabei gibt es an manchen Stellen innerhalb einer Wolke mehr positive und an anderen mehr negative Ladungen. Das führt zu großen Spannungsunterschieden. Springen nun Funken zwischen den Wolken und Wolkenschichten (Wolkenblitz) über, so gibt es heftige Entladungen der elektrischen Spannung, die als gezackte oder verästelte Linie sichtbar werden. Springen die Funken zur Erde (Erdblitz), so "schlägt es ein"
Was wir dann als Donner hören, ist das Geräusch der vom Blitz erhitzten, sich explosionsartig ausdehnenden Luft.

3. Woche - 2. Übungstag

Planungsbogen für den Tag Datum:

Vormittag:

Nachmittag:

Abend:

Mein besonderes Tagesziel:

Phase III:
Merk-Zettel - Fragen zum Vortag

Wissenswertes

* Nennen Sie Farben mit großer und Farben mit kleiner Wellenlänge.

* Wodurch werden die Lichtwellen abgelenkt oder "zerstreut"?

* Warum erleben wir den Sonnenuntergang in intensiven Rottönen?

* Nach welchen Ereignissen sind die Sonnenuntergänge besonders farbintensiv?

3. Woche - 2. Übungstag

Zum Tagesplan des Vortages

Haben Sie gestern Ihren Tagesplan eingehalten? Schreiben Sie hier bitte auf, was Sie gestern erledigt haben.

Vormittag:____________________________________

Nachmittag:__________________________________

Abend:______________________________________

Mein besonderes Tagesziel war:____________________

Phase IV: Denk - Mal

Knobelaufgaben

Spiel 24

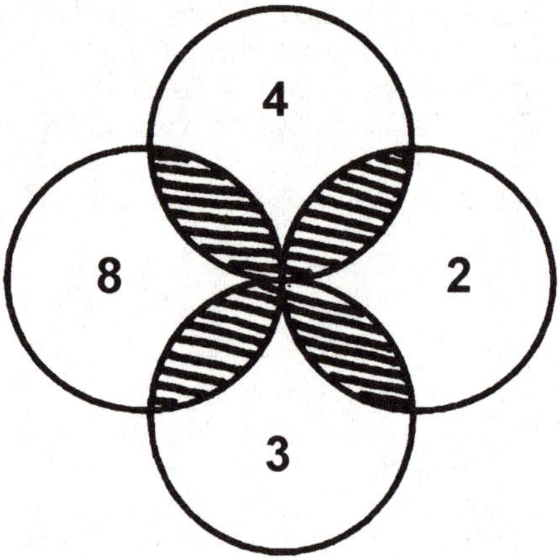

Magico

6	6	8	7
			6
	1		6
			8
			4

3. Woche - 2. Übungstag

Tip des Tages

Hobbys
Hatten Sie früher ein Hobby, für das Sie damals zuwenig Zeit hatten? Dann werden Sie doch dort wieder aktiv. Für ein Hobby ist immer der richtige Zeitpunkt. Das Argument, man sei zu jung oder zu alt, darf dabei nicht gelten.
Oder probieren Sie doch mal etwas ganz Neues! Trauen Sie sich etwas anzufangen, was Sie schon immer einmal machen wollten.

Lern-Strategie

Vergessen will gelernt sein
Vieles, um das Sie sich krampfhaft bemühen, ist vergebens. Drehen Sie den Spieß einfach mal um. Versuchen Sie krampfhaft zu vergessen.
Lesen Sie die Worte aufmerksam und beschließen Sie, diese auf gar keinen Fall behalten zu wollen. Daß Sie genau diese Worte vergessen, können sie vergessen. So und nun vergessen Sie diese verrückte Lern-Strategie ganz schnell wieder!

Phase IV: Lösungen und Denk - Netz

Lösungen der Knobelaufgaben

Hier ist die Lösung:

Spiel 24

4 - 8 - 2 - 3
8 - **4** = 4
4 x **2** = 8
8 x **3** = 24

Magico

6	6	8	7
1	2	3	6
2	1	3	6
3	3	2	8
			4

3. Woche - 2. Übungstag

Denk - Netz

Hier ist Platz für Ihr Denk-Netz zum "Wissenswerten“ aus dem Merk-Zettel von heute.

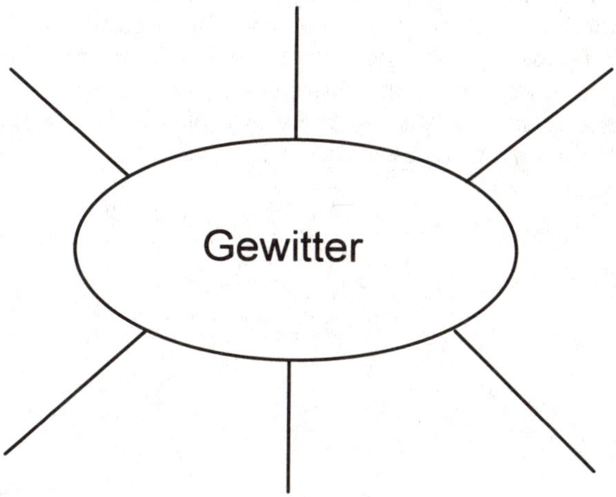

Kür-Phase V: Kopf-Kino

Führen Sie im Laufe des Tages Ihr Kopf-Kino-Programm durch, immer dann, wenn Sie Zeit und Lust dazu haben.

Phase I : Aufwärmübung

1. Teil: Atemtechnik

Denken Sie bitte an den Atem-Rhythmus:
6 Pulsschläge lang einatmen, 3 Pulsschläge lang die Luft anhalten, 6 ausatmen (dabei einen U-Ton erzeugen), 3 Pause und wieder langsam einatmen.
Wiederholen Sie diesen Atem-Rhythmus etwa 10 Mal.
Schließen Sie dabei die Augen und stellen Sie sich das Bild einer langsamen, gleichmäßigen Bewegung vor: langsam anrollende und ausrollende, riesige Meereswellen, oder sich leicht im Wind wiegende Kornfelder, oder sich majestätisch bewegende Baumwipfel, oder langsam am Himmel ziehende Wolken.

3. Woche - 3. Übungstag

2. Teil: Gymnastische Übungen

Step

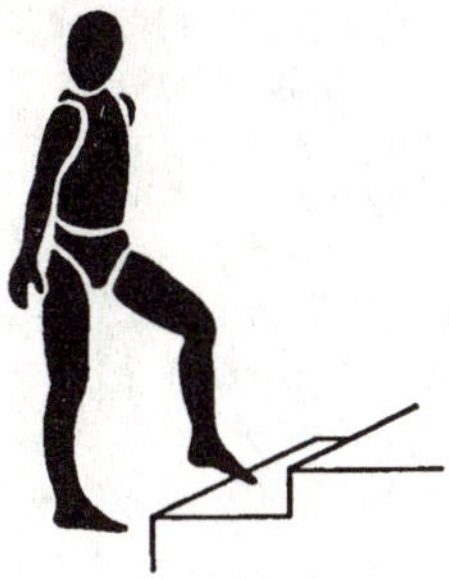

Zur Kräftigung der Bein- und Gesäßmuskulatur wählen Sie die Höhe einer Stufe nach eigenem Wohlbefinden, geeignet sind Treppenstufen oder ein kleiner Hocker.
Halten Sie den Oberkörper aufrecht und steigen Sie nicht zu ruckartig auf. Wichtig ist ein langsames Strecken und Beugen des aufsteigenden Beines. Steigen Sie also mit dem rechten Bein auf und setzen Sie den linken Fuß daneben. Beim Absteigen gibt auch zuerst das rechte Bein den Ton an. Führen Sie die Übung 10 Mal durch, wechseln Sie dann das Bein und wiederholen Sie ebenfalls 10 Mal.

Isometrische Übung

- Stellen Sie sich aufrecht hin, Füße schulterbreit auseinander.
- Winkeln Sie Ihr rechtes Bein an und umfassen Sie das Fußgelenk mit der rechten Hand.
- Versuchen Sie, das Bein gegen den Widerstand des Armes nach unten zu ziehen.
- Führen Sie die Übung nun auf der Gegenseite durch.
- Und immer daran denken: 3 Mal 6 Sekunden halten.

Phase II: Basistraining

1. Teil: Informationsaufnahme

Wieviel Dreiecke?
In diesem geometrischen Gebilde sind einige Dreiecke verborgen. Wieviel sind es wohl? Genau hinschauen!
Wenn Sie es schwieriger mögen, lösen Sie die Aufgabe komplett im Kopf.

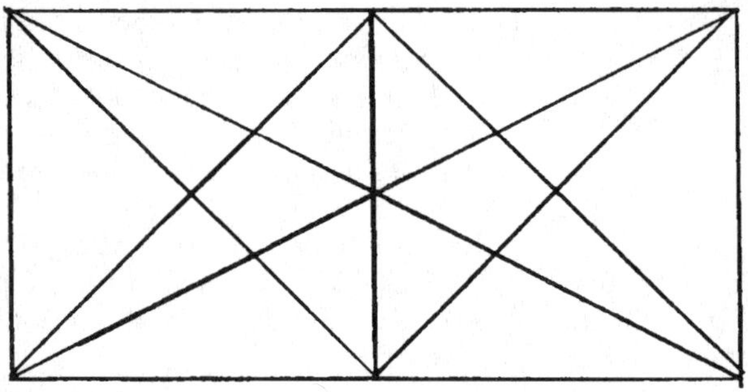

Eins zuviel
Bei den folgenden Wortketten gehören 4 Wörter inhaltlich zusammen, weil sie durch eine Gemeinsamkeit verbunden sind. Ein fünfter Begriff gehört nicht dazu. Versuchen Sie bitte, dieses Wort herauszufinden.
Ein Beispiel: Gitarre - Mandoline - Banjo - Balalaika - Cello
Gemeinsamkeit: Zupfinstrumente; das Cello ist ein Streichinstrument. Es gehört nicht in diese Reihe

1. Buche - Eiche - Pappel - Eibe - Ahorn
2. Paprika - Muskat - Zucker - Nelke - Pfeffer
3. Hamburg - Freiburg - Engelsburg - Offenburg - Straßburg
4. Rokoko - Barock - Goten - Klassizismus - Romantik
5. Kirche - Synagoge - Dom - Kathedrale - Kapelle
6. Kraul - Brust - Haar - Rücken - Delphin
7. Platin - Helium - Gold - Iridium - Silber

3. Woche - 3. Übungstag

2. Teil: Informationsspeicherung

Figur nachzeichnen
Schauen Sie sich diese Figur bitte genau an. Prägen Sie sich die Form ein, und blättern Sie dann um.

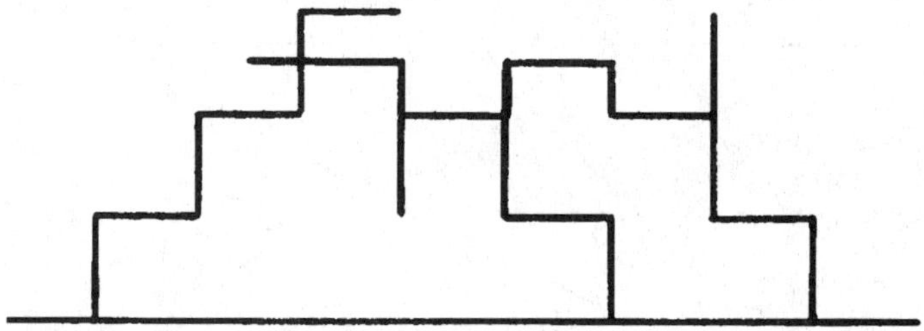

Staatsmänner
Versuchen Sie bitte, sich die Namen und Daten dieser bedeutenden Politiker einzuprägen.
Danach blättern Sie bitte um.

Charles de Gaulle	1890 - 1970
Konrad Adenauer	1876 - 1967
Franklin D. Roosevelt	1882 - 1945
Josef W. Stalin	1879 - 1953
Winston S. Churchill	1874 - 1965

Phase II: Lösungen und Fortsetzung

Lösungen

Wieviel Dreiecke?

Wenn man genau hinschaut und zählt, dann findet man 34 Dreiecke.

Eins zuviel

Das sind die Lösungen:

1. Laubbäume; die Eibe ist ein Nadelbaum.
2. Gewürze; Zucker ist ein Kohlenhydrat.
3. Städte mit der Endung „-burg"; die Engelsburg ist ein Bauwerk in Rom.
4. Kunststile; die Goten waren ein ostgermanisches Volk.
5. Gebäude für den Gottesdienst christlicher Gemeinden; die Synagoge ist das Gotteshaus der jüdischen Religionsgemeinschaft.
6. Schwimmstile; das Haar ist ein Anhangsgebilde der Haut.
7. Edelmetalle; Helium ist ein Edelgas.

Fortsetzung

Figur nachzeichnen

Versuchen Sie, die Figur aus dem Gedächtnis nachzuzeichnen. Erst danach zur Kontrolle zurückblättern.

Staatsmänner

Ergänzen Sie bitte die fehlenden Namen und Daten.

Charles __ ______	1890 - ____
________ Adenauer	____ - ____
Franklin D. Roosevelt	1882 - ____
Josef W. Stalin	____ - 1953
Winston S. Churchill	1874 - ____

Phase III: Merk - Zettel

Wissenswertes

Photosynthese oder
Woher bekommt die Pflanze ihre Energie?
Die Ausgangsbasis, die eine Pflanze benutzt, um Nährstoffe zu produzieren, ist erstaunlich einfach: Sie braucht dazu Wasser, Kohlendioxid und Sonnenlicht. Das Wasser wird von den Wurzeln aufgenommen und das Kohlendioxid über die Poren der Blätter aus der Luft. Aus diesen Bestandteilen bildet die Pflanze einfache Zucker, die sich in einem pflanzlichen oder tierischen Ernährungskreislauf zu Mehrfachzucker, Stärke, Eiweiß und Fett aufbauen lassen. Von diesem Aufbau chemischer Verbindungen mit Hilfe des Lichts hängt alles Leben ab. Nur die Pflanze kann Sonnenenergie aus dem Tageslicht auffangen und sie in Form von Nährstoffen speichern.
Der ganze Prozeß dauert nur den Bruchteil einer Sekunde und wiederholt sich ständig. Wenn Licht auf das Blatt trifft, wird ein Teil der Sonnenenergie durch den grünen Blattfarbstoff aufgenommen. Dieser spielt die entscheidende Rolle bei der Energieumwandlung. Er wirkt als Energieüberträger, der die chemischen Reaktionen in Gang setzt. Beim Aufbau der Nährstoffe mit Hilfe des Sonnenlichtes und des grünen Blattfarbstoffes nutzt die Pflanze den Kohlenstoff aus dem Kohlendioxid. Den verbleibenden Sauerstoff gibt sie an die Luft ab.
Brauchen Pflanzen auch Sauerstoff?
Wie alle Lebewesen müssen Pflanzen auch atmen. Dabei nehmen sie Sauerstoff auf und geben Kohlendioxid ab.
Dies ist Tag und Nacht der Fall, doch tagsüber wird das Kohlendioxid für die Photosynthese verwendet. Bei Dunkelheit hört die Nahrungsherstellung auf, und das Kohlendioxid wird an die Luft abgegeben - aber ganz gewiß nicht in schädlichen oder gar gefährlichen Mengen.

3. Woche - 3. Übungstag

Planungsbogen für den Tag **Datum:** ____________________

____

Vormittag: ____________________________________

____

____

Nachmittag: __________________________________

____

____

Abend: ______________________________________

____

____

Mein besonderes Tagesziel: ______________________

____

____

____

Phase III:

Merk-Zettel - Fragen zum Vortag

Wissenswertes

* Wieviele Gewitter finden ständig irgendwo auf der Erde statt?

___

* Welche Voraussetzung muß gegeben sein, damit ein Gewitter entsteht?

___

___

___

* Wie entstehen Blitze?

___

___

___

3. Woche - 3. Übungstag

Zum Tagesplan des Vortages

Haben Sie gestern Ihren Tagesplan eingehalten? Schreiben Sie hier bitte auf, was Sie gestern erledigt haben.

Vormittag:

Nachmittag:

Abend:

Mein besonderes Tagesziel war:

Phase IV: Denk - Mal

Knobelaufgaben

Spiel 24

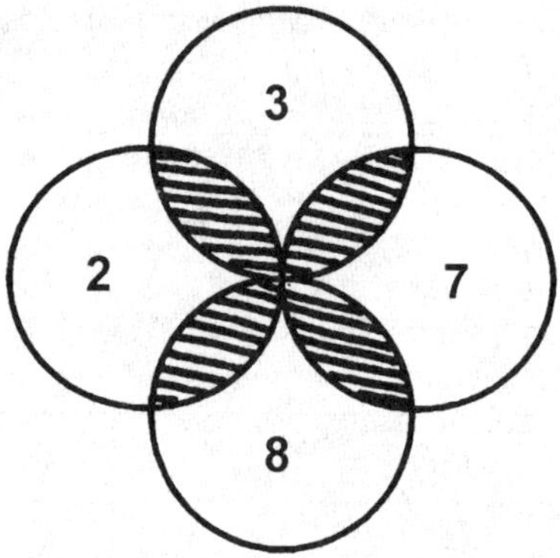

Die Münzenpyramide
Zehn gleich große Münzen werden zu einem gleichseitigen Dreieck mit der Spitze nach oben zusammengestellt. Versuchen Sie, durch Umlegen von nur drei Münzen das gleichseitige Dreieck mit der Spitze nach unten zeigen zu lassen.

3. Woche - 3. Übungstag

Tip des Tages

Sport

Bei olympischen Spielen trifft sich die "Jugend der Welt", um sportliche Wettkämpfe zu bestreiten.
Aber sportliche Tätigkeiten müssen nicht immer Wettkampf sein. Und Sport ist schon gar nicht der Jugend vorbehalten. Jeder Mensch kann bis ins hohe Alter geeignete Sportarten betreiben. Körperliche Bewegung ist nicht nur gut für die körperliche Gesundheit, sondern auch für das geistig-seelische Wohlbefinden. Man ist ruhiger, ausgeglichener, selbstbewußter, optimistischer, der Körper wird besser durchblutet, der Sauerstoff besser transportiert, der Stoffwechsel gefördert. Nutzen Sie diese Vorteile. Obendrein lernt man auch noch nette Leute kennen.
Geeignete Sportarten sind vor allem Ausdauersportarten, weil es hier nicht auf die maximale Kraft oder Beweglichkeit ankommt. Das sind z. B. Radfahren, Schwimmen, Kegeln, Wandern. Hierbei können Sie sogar gleichzeitig isometrische Übungen ausführen.
Für welche Sportart Sie sich auch entscheiden, Sie profitieren immer davon. Am besten fangen Sie noch heute damit an.

Lern-Strategie

Überlernen

Wenn Sie Telefonnummern, Einkaufslisten usw. mehrfach durchgelesen haben, werden Sie sie bald auswendig aufsagen können. Wenn Sie die Begriffe trotzdem noch mehrmals lesen, "überlernen" Sie. Die spätere Behalteleistung wird erheblich verbessert.

Phase IV: Lösungen und Denk - Netz

Lösungen der Knobelaufgaben

Hier ist die Lösung:

Spiel 24

3 - 2 - 7 - 8
7 + **8** = 15
15 - **3** = 12
12 x **2** = 24

Die Münzenpyramide
Sie haben bestimmt erst ausprobieren müssen, bevor Sie die Lösung gefunden haben, denn einfach war diese Aufgabe nicht.
Die richtige Lösung haben Sie gefunden, wenn Sie die oberste Münze unten angelegt haben. Die beiden äußeren Münzen der **unteren** Reihe des alten Dreiecks werden dann nach oben geschoben. Sie bilden zusammen mit den beiden Münzen der ursprünglich 2. Reihe die **obere** Reihe des Dreiecks mit 4 Münzen.
Die Zeichnung soll dies verdeutlichen:

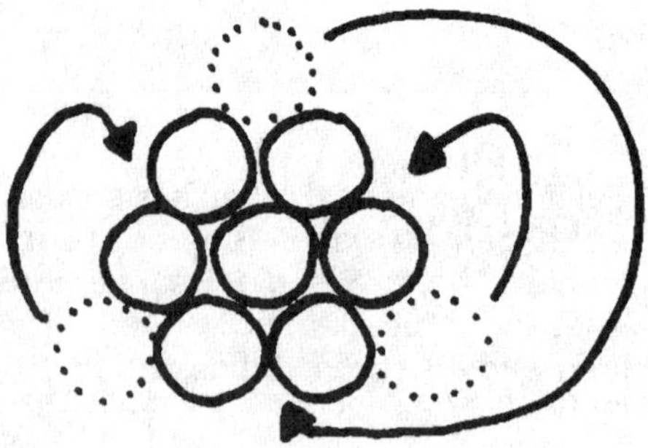

3. Woche - 3. Übungstag

Denk - Netz

Hier ist Platz für Ihr Denk-Netz zum "Wissenswerten" aus dem Merk-Zettel von heute.

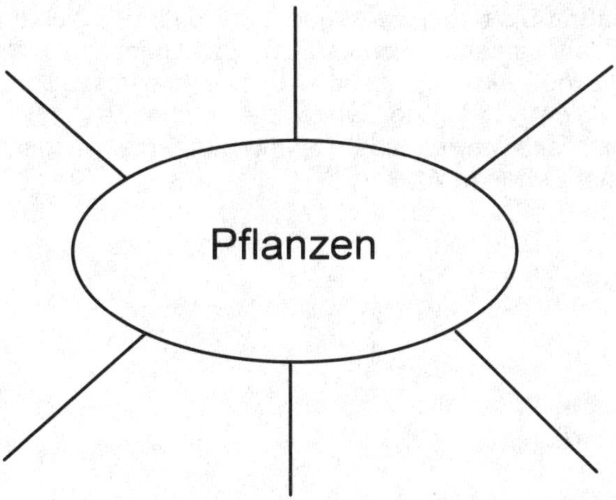

Kür-Phase V: Kopf-Kino

Führen Sie im Laufe des Tages Ihr Kopf-Kino-Programm durch, immer dann, wenn Sie Zeit und Lust dazu haben.

Phase I: Aufwärmübung

1. Teil: Atemtechnik

Denken Sie bitte an den Atem-Rhythmus:
6 Pulsschläge lang einatmen, 3 Pulsschläge lang die Luft anhalten, 6 ausatmen (dabei einen U-Ton erzeugen), 3 Pause und wieder langsam einatmen.
Wiederholen Sie diesen Atem-Rhythmus etwa 10 Mal.
Schließen Sie dabei die Augen und stellen Sie sich das Bild einer langsamen, gleichmäßigen Bewegung vor: langsam anrollende und ausrollende, riesige Meereswellen, oder sich leicht im Wind wiegende Kornfelder, oder sich majestätisch bewegende Baumwipfel, oder langsam am Himmel ziehende Wolken.

3. Woche - 4. Übungstag

2. Teil: Gymnastische Übungen

Hüft - Dreh

Diese Übung ist gut für Hüfte und Taille.

- Stellen Sie sich auf leicht gegrätschten Beinen hin.
- Falten Sie Ihre Hände hinter dem Kopf und ziehen Sie Ihre Ellenbogen nach hinten.
- Drehen Sie den Kopf und den Oberkörper mit Schwung nach rechts und federn Sie dabei noch etwas nach.
- Sofort nach links drehen und auch hier nachfedern.
- Üben Sie mit fließendem Übergang nach jeder Seite jeweils 5 Mal.

Isometrische Übung

- Legen Sie sich auf den Rücken und ziehen Sie das rechte Bein an.
- Halten Sie mit den Händen den Oberschenkel außen fest.
- Drücken Sie gegen den Widerstand der Hände den Oberschenkel nach außen.
- Üben Sie danach mit dem linken Bein.

Phase II: Basistraining

1. Teil: Informationsaufnahme

Spiegelbild
Versuchen Sie bitte, unter der Linie das Spiegelbild der Figur zu zeichnen:

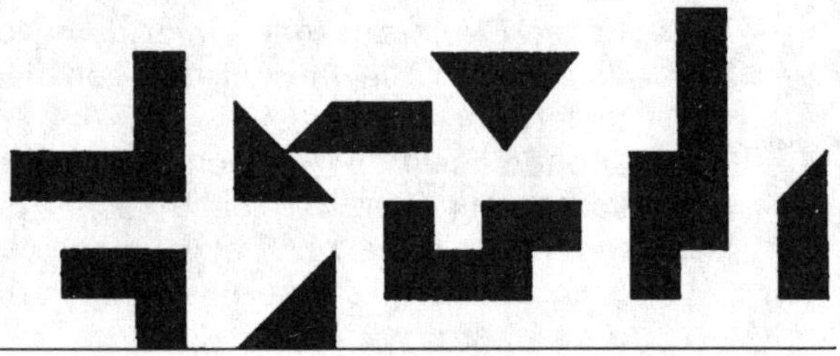

Welche Zahl fehlt?

30 - 15 - 22 - 11 - 18 - ___ - 16

Wie heißt die nächste Zahl?

25 - 35 - 20 - 30 - 15 - 25 - ___

3. Woche - 4. Übungstag

2. Teil: Informationsspeicherung

Tatsachen und Namen verknüpfen
Lesen Sie sich den Text aufmerksam durch und prägen Sie sich den Inhalt ein.
Blättern Sie dann um.

Immer wenn es klingelt, fängt der Hund von Herrn Gabriel zu bellen an. Paul spielt Lego, Rene spielt Klavier. Im Herzen von Marion hat nur ein Mann Platz. Frau Simon ist auf der Autobahn in ihrem Golf geblitzt worden. In sieben Tagen hat mein Vater Geburtstag.

Postleitzahlen
Versuchen Sie bitte, sich die folgenden Postleitzahlen einzuprägen:

21224 Rosengarten

63916 Amorbach

29475 Gorleben

24364 Holzdorf

78658 Zimmern

49767 Twist

Phase II: Lösungen und Fortsetzung

Lösungen

Spiegelbild
So sieht das Spiegelbild der Figur aus:

Welche Zahl fehlt?
Der Rhythmus ist: :2 +7 :2 +7 :2 +7
Die fehlende Zahl ist also die 9.

Wie heißt die nächste Zahl?
Der Rhythmus ist: +10 -15 +10 -15 +10 -15
Die nächste Zahl ist also die 10.

3. Woche - 4. Übungstag

Fortsetzung

Tatsachen mit Namen verknüpfen
Gut, wenn Sie sich bei dem Text auf das Wesentliche beschränkt haben und den Überblick behalten konnten. Dann ordnen Sie die Begriffe nun einander zu:

Herz	Vater	Golf	Hund
Marion	Klingel	Gebell	Sieben
Paul	Klavier	Lego	Rene

Postleitzahlen
Schreiben Sie nun die richtigen Postleitzahlen auf:

____ Rosengarten	____ Amorbach	____ Gorleben
____ Holzdorf	____ Zimmern	____ Twist

Phase III: Merk - Zettel

Wissenswertes

Würzige, duftende Kräuter
Welche Pflanzen werden als Kräuter bezeichnet?

Botanisch gesehen sind alle unverholzten Blütenpflanzen Kräuter. Das sind mit Ausnahme der Bäume und Sträucher alle Pflanzen. Im Allgemeinen verstehen wir darunter aber meist Pflanzen, die frisch oder getrocknet als Heilmittel, Tee oder Gewürz dienen. Um herauszufinden, welches Kräutlein wofür oder wogegen gut sein könnte, haben die Menschen schon immer mit Pflanzen experimentiert. Mancher hat sich bei diesen Versuchen vergiftet oder sich einen heftigen Rausch geholt. Aber oft stellte sich heraus, daß mit gewissen Kräutern gewöhnliche oder fade Speisen besser schmecken. Daß sie bestimmte Beschwerden und Schmerzen linderten, beobachtete man meist erst nach längerem Gebrauch.

Die meisten Kräuter konzentrieren ihre **aromatischen Substanzen** und **ätherischen Öle** in den Blättern. Im Garten regt man deshalb die Pflanzen durch regelmäßiges Beschneiden dazu an, fortlaufend neue zarte Blätter zu bilden, die man frisch verwenden kann. Basilikum, Oregano, Rosmarin und Thymian gehören zu den beliebtesten Küchenkräutern, die man wegen der Blätter hält.

Bei anderen Kräutern geht es uns mehr um den Duft: die ätherischen Öle von Rosen, Lavendel, Maiglöckchen und andere sind Bestandteil unserer Parfüme.

Auch was verblüht ist, ist uns noch nicht „Wurst“, sondern wird in eben diese als Gewürz hineingemischt: Kümmel, Anis und Koriander beispielsweise werden wegen ihrer Samen geschätzt, die ebenfalls reich an ätherischen Ölen sind. Beim Dill verarbeitet man sowohl Blätter als auch Samen zu Gewürztunken, bei Gemüsen, in Salaten.

3. Woche - 4. Übungstag

Planungsbogen für den Tag **Datum:**

Vormittag:

Nachmittag:

Abend:

Mein besonderes Tagesziel:

Phase III:

Merk-Zettel - Fragen zum Vortag

Wissenswertes

* Welche Grundstoffe braucht eine Pflanze um Nährstoffe zu produzieren?

* Durch welche Pflanzenorgane werden diese Stoffe aufgenommen?

* Welcher Stoff spielt eine entscheidende Rolle bei der Umwandlung von Lichtenergie?

* Warum brauchen Pflanzen auch Sauerstoff?

3. Woche - 4. Übungstag

Zum Tagesplan des Vortages

Haben Sie gestern Ihren Tagesplan eingehalten? Schreiben Sie hier bitte auf, was Sie gestern erledigt haben.

Vormittag:

Nachmittag:

Abend:

Mein besonderes Tagesziel war:

Phase IV: Denk - Mal

Knobelaufgaben

Spiel 24

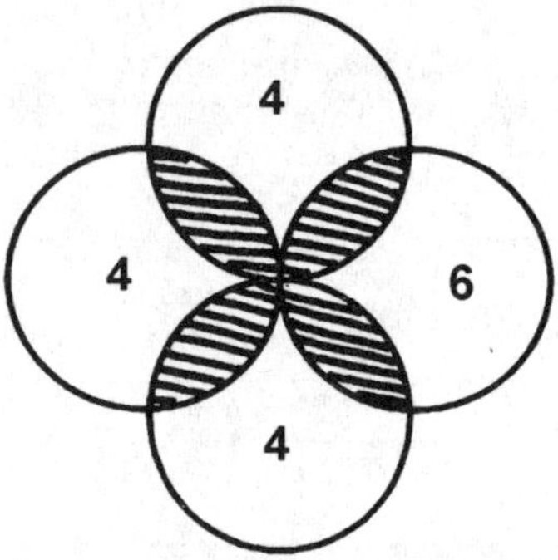

Fischbeute heimbringen

Der Frühling war dem Stamme der Whitefoot-Indianer gnädig gesonnen. Sie hatten neues Weideland entdeckt und flußabwärts, so hatten die Kundschafter ausfindig gemacht, konnten ihre wendigen Kanus den kurvenreichen Fluß ungehindert durcheilen und ins offene Meer gelangen. Wie aber sollten sie die mit Fischen schwerbeladenen Boote wieder heimwärts ins Zeltdorf bringen? Gegen die Strömung des Flusses? Oder mußte die kleine Fischergruppe die schweren Boote über Land schleppen?

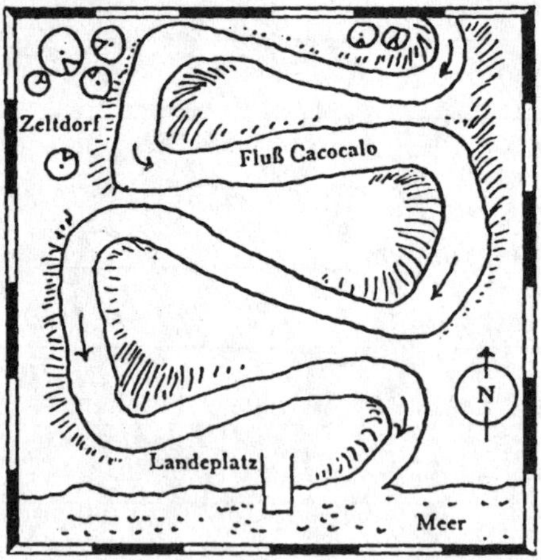

Drei Tage und Nächte brütete ihr Häuptling über dem Problem. Dann rief er seinen Stamm zusammen und zeigte ihnen den einzig möglichen Rückweg vom Landeplatz am Meer über den Fluß ins Dorf.

Wie verläuft er?

3. Woche - 4. Übungstag

Tip des Tages

Aromatherapie
Sind Sie nicht auch gerne von schönen Düften umgeben? Sie können einen in eine bestimmte Stimmung versetzen und oft sind bestimmte Gefühle damit verbunden.
Ätherische Öle spielen auch diesmal eine große Rolle. Sie haben zahlreiche heilende Wirkungen. Diese Öle können, stark verdünnt, in die Haut eingerieben, inhaliert, in die Aromalampe zur Wohnraumbeduftung gegeben oder als Badezusatz verwendet werden. Bestimmte Aromaöle haben wohltuende Wirkungen auf bestimmte Problembereiche.
Das Öl des australischen "Tea Tree" hat einen hervorragenden antiseptischen Effekt, d.h. es zerstört gefährliche Bakterien und eignet sich zum Auftragen auf entzündete Hautpartien.
Zur Entspannung geben Sie eine Mischung aus Lavendel- und Geranienöl oder Sandelholz- und Majoranöl ins Badewasser.
Für die Aromalampen, die den Duft im Raum verteilen, suchen Sie sich ein Öl aus, das Sie mögen und das Sie in eine schöne Stimmung versetzt: Rosen-, Sandelholz-, Kiefernnadel-, Patschuli-, Wacholder- oder Nelkenöl haben eine besonders beruhigende Wirkung. Bergamotte ist hingegen leicht anregend und fördert die Konzentration.

Lern-Strategie

Wenn Sie sich eine Wortliste, z.B. einen Einkaufszettel einprägen wollen, sortieren Sie die Begriffe alphabetisch:
Essig, Fisch, Äpfel, Dunkelbier, Chinakohl, Butter.
Viel leichter behalten Sie: **Ä**pfel, **B**utter, **C**hinakohl, **D**unkelbier, **E**ssig, **F**isch.

Phase IV: Lösungen und Denk - Netz

Lösungen der Knobelaufgaben

Hier ist die Lösung:

Spiel 24

4 - 4 - 6 - 4
4 : **4** = 1
1 x **6** = 6
6 x **4** = 24

Fischbeute heimbringen
Haben Sie auch drei Tage und Nächte über dem Problem brüten müssen? Die kleine Denkaufgabe sollte zwar ihrem Gehirn ordentlich einheizen, Ihnen aber nicht den Schlaf rauben.
Wahrscheinlich wissen Sie ja nun , daß die Fischer ihre Boote vom Landeplatz zum Fluß tragen müssen, um dann die Strömung von Ost und West auszunutzen, bis nach dreimaligem Wechsel über die kürzesten Landstrecken die Landung beim Dorf erfolgen kann.

3. Woche - 4. Übungstag

Denk - Netz

Hier ist Platz für Ihr Denk-Netz zum "Wissenswerten" aus dem Merk-Zettel von heute.

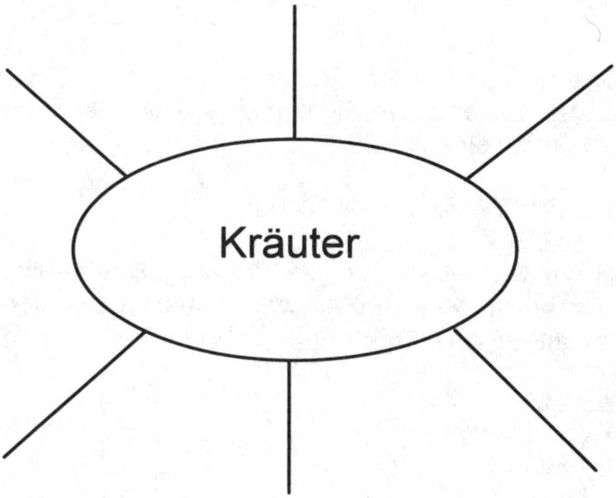

Kür-Phase V: Kopf-Kino

Führen Sie im Laufe des Tages Ihr Kopf-Kino-Programm durch, immer dann, wenn Sie Zeit und Lust dazu haben.

Phase I: Aufwärmübung

1. Teil: Atemtechnik

Denken Sie bitte an den Atem-Rhythmus:

6 Pulsschläge lang einatmen, 3 Pulsschläge lang die Luft anhalten, 6 ausatmen, 3 Pause und wieder langsam einatmen.

Richtige Atmung können Sie auch mit Tönen unterstützen: Versuchen Sie es beim Einatmen mit einem **iiiiih** und beim Ausatmen mit einem **uuh**!

Wiederholen Sie auch hier 10 Mal.

Schließen Sie die Augen und lassen Sie die Bilder von Meereswellen, Kornfeldern, Baumwipfeln oder ziehenden Wolken vor Ihrem inneren Auge entstehen.

3. Woche - 5. Übungstag

2. Teil: Gymnastische Übungen

Leiter

Diese Übung können Sie am besten im Stehen ausführen. Stellen Sie sich vor, daß Sie eine Leiter hochklettern. Heben Sie immer abwechselnd das linke und das rechte Bein. Unterstützen Sie die Kletterei dadurch, daß Sie sich mit den Armen hochziehen. Auch immer abwechselnd links und rechts. Die Leiter hat 10 Sprossen. Aber nicht herunterfallen!

Isometrische Übung

- Pressen Sie die Finger kräftig gegeneinander. Die Handflächen sollen sich dabei nicht berühren.
- Beugen Sie mit der linken Hand die Finger der rechten Hand nach hinten.
- Versuchen Sie diese Finger gegen den Widerstand nach vorne zu drücken.
- Danach üben die Finger der linken Hand.

Phase II: Basistraining

1. Teil: Informationsaufnahme

Wortdomino

Bestimmt kennen Sie Domino. Bei dieser Art von Domino muß der zweite Teil des ersten Wortes eine sinnvolle Verbindung als erster Teil mit dem folgenden Wort ergeben usw.
Ein Beispiel geben wir Ihnen, dann müssen Sie versuchen, die leeren Felder sinnvoll zu füllen.
Die Wörter werden von oben nach unten gelesen.

Apfel - Kuchen - *Platten* - _______ - *Wechsel* - _____ - *Schein*

Braut - ______ - *Schrank* - ______ - *Schlüssel* - ______ - *Spiel*

Park - _______ - *Haus* - ________ - *Heim* - _______ - *Strecke*

Vater - ______ - *Ratten* - _______ - *Geister* - ________ - *Plan*

Mauer - ______ - *Wiesen* - ______ - *Topf* - ________ - *Topf*

Würfel

Haben Sie ein gutes räumliches Vorstellungsvermögen? Dann sagen Sie ganz schnell, aus wievielen Würfeln sich die einzelnen Figuren zusammensetzen.

1)

2)
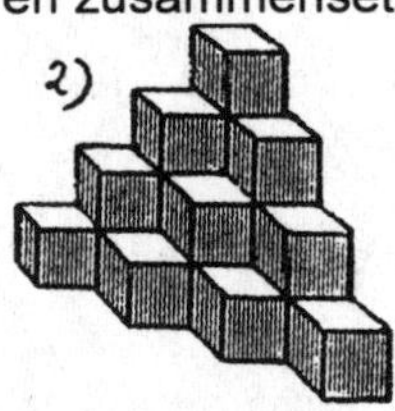

3)
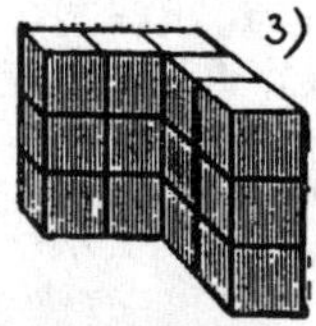

4)

5)

6)

3. Woche - 5. Übungstag

2. Teil: Informationsspeicherung

Menschen wie wir
Stellen Sie sich bitte vor, Sie seien auf einer festlichen Gesellschaft und Ihnen würden nacheinander diese netten Menschen vorgestellt. Versuchen Sie, sich ganz schnell die Gesichter, Namen und Berufe einzuprägen.
Blättern Sie dann um.

Dr. Uwe Schulmacher
Zahnarzt

Martha Zink
Erzieherin

Rüdiger Solter
Handelsvertreter

Prof. Irmtraut Butzky
Diplom - Ökonom

Christine Genster
Bodenpflegerin

Ludwig von Goelke
Taxi - Fahrer

Auto - Kennzeichen
Versuchen Sie bitte, sich die folgenden Auto-Kennzeichen zu merken:

GM - F 278 SE - H 205 ED - CV 320

Phase II: Lösungen und Fortsetzung

Lösungen

Wörterdomino

Die fehlenden Wörter waren Ihrer Phantasie überlassen und natürlich sind mehrere Lösungen möglich: Hier nun unsere Vorschläge:

Apfel - Kuchen - *Platten* - Spieler - *Wechsel* - Geld - *Schein*

Braut - Kleider - *Schrank* - Tür - *Schlüssel* - Brett - *Spiel*

Park - Bank - *Haus* - Tier - *Heim* - Weg - *Strecke*

Vater - Land - *Ratten* - Plage - *Geister* - Stunden - *Plan*

Mauer - Blümchen - *Wiesen* - Pflanzen - *Topf* - Blumen - *Topf*

Würfel

Wenn Ihnen die Aufgabe zu leicht erschien, versuchen Sie doch mal zu berechnen, wieviel Würfel noch zum großen Würfel fehlen!
Hier aber erst einmal die Anzahl der kleinen Würfel, aus denen die Figuren bestehen:

1) 13
2) 20
3) 15
4) 50
5) 19
6) 40

3. Woche - 5. Übungstag

Fortsetzung

Menschen wie wir

Nach einer Weile treffen Sie diese Menschen wieder. Erinnern Sie sich noch an die Namen und Berufe? Schreiben Sie diese bitte unter das jeweilige Gesicht. Blättern Sie erst dann zum Vergleich zurück.

Auto-Kennzeichen

Erinnern Sie sich an die Auto-Kennzeichen? Schreiben Sie sie bitte hier auf und blättern Sie dann zum Vergleich zur vorherigen Seite zurück.

Phase III: Merk - Zettel

Wissenswertes

Wie entstehen Sonnen- und Mondfinsternis?
Eine totale Sonnenfinsternis ist beeindruckend. Der Tag wird zur Nacht. Im Lauf eines Jahres ist ein solcher Vorgang irgendwo auf der Erde mehrere Male zu beobachten - nur eben jedesmal an einer anderen Stelle.
Die Verdunkelung der Sonne entsteht dann, wenn sich der Mond auf seiner Erdumlaufbahn zwischen die Erde und die Sonne schiebt. Wenn er dabei die ganze Sonnenscheibe bedeckt, herrscht "totale Sonnenfinsternis". Bei der "partiellen (teilweisen) Sonnenfinsternis" wird nur ein Teil der Sonnenscheibe bedeckt.
Die nächste Sonnenfinsternis, die von Deutschland aus gesehen werden kann, wird am 11. August 1999 in Süddeutschland zu beobachten sein.
Eine Mondfinsternis ist weniger aufsehenerregend, aber ebenfalls interessant zu beobachten. Sie tritt bei Vollmond ein, wenn die Erde auf einer Linie zwischen dem Mond und der Sonne steht, so daß der Mond den Erdschatten durchläuft. Selbst während einer totalen Mondfinsternis verschwindet der Mond nicht ganz. Einige Sonnenstrahlen werden gebeugt, wenn sie auf die Erdatmosphäre treffen, treten in den Schatten ein und lassen den Mond schwach kupferrot leuchten.

3. Woche - 5. Übungstag

Planungsbogen für den Tag **Datum:** ____________________

Vormittag: ____________________

____

____

Nachmittag: ____________________

____

____

Abend: ____________________

____

____

Mein besonderes Tagesziel: ____________________

____

____

____

Phase III:

Merk-Zettel - Fragen zum Vortag

Wissenswertes

* Welches ist die botanische Auffassung von Kräutern?

* Welche Verwendungszwecke kennen Sie von Kräutern?

* Nennen Sie einige Kräuter!

* Wie kann die Bildung aromatischer Substanzen in den Pflanzen angeregt werden?

* Nennen Sie Gewürze, die nicht aus den Blättern der Pflanzen gewonnen werden!

3. Woche - 5. Übungstag

Zum Tagesplan des Vortages

Haben Sie gestern Ihren Tagesplan eingehalten? Schreiben Sie hier bitte auf, was Sie gestern erledigt haben.

Vormittag:________________________________

Nachmittag:______________________________

Abend:___________________________________

Mein besonderes Tagesziel war:________________

Phase IV: Denk - Mal

Knobelaufgaben

Spiel 24

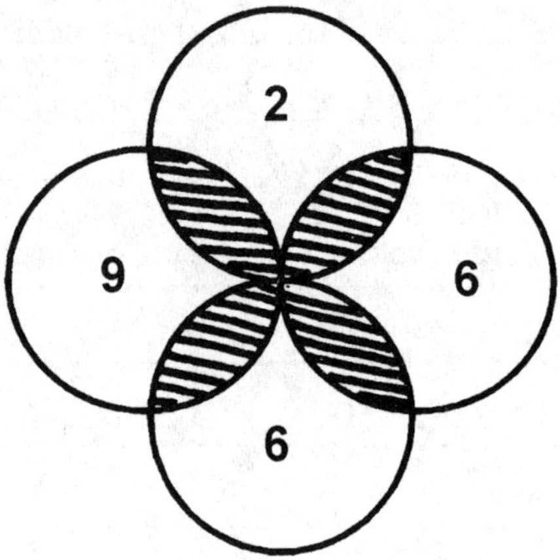

Magico

6	9	6	11
			6
	5		9
			6
			7

3. Woche - 5. Übungstag

Tip des Tages

Schauspielern
Hätten Sie nicht Lust, mal selbst Theater zu spielen?
In vielen Gemeinden oder Volkshochschulen gibt es Laienspielgruppen. Gehen Sie doch dort mal hin. Die meisten Menschen können viel mehr, als sie sich selbst zunächst zutrauen.
Außerdem: Als "Gehirn-Jogger" haben Sie ja schon Reden, Singen oder Mimik in früheren Wochenprogrammen geübt. Vielleicht ja sogar vor dem Spiegel. Da haben Sie schon wichtige Vorübungen gemacht.
Und um das Auswendiglernen von Texten brauchen Sie sich ja auch keine Sorgen zu machen.

Lern-Strategie

Sinnvolles auswählen
Wenn Sie etwas Neues aufnehmen (lesen, sehen) wollen, sollten Sie zunächst mit einer Auswahl beginnen: mit einer Auswahl des für Sie Wesentlichen:
Auf die Menschen stürzen immer mehr Informationen ein. Alle 10 - 15 Jahre etwa verdoppelt sich das Wissen der Menschheit. Niemand kann mehr alles aufnehmen oder gar behalten.
Was das Wesentliche, das Sinnvolle ist, bestimmen Sie nach Ihren eigenen Wertvorstellungen und Interessen.
Als Hilfe sollten Sie fragen, bevor Sie Neues aufnehmen:
"Was bringt es? Werde ich etwas davon haben? Entspricht der Zeitverlust dem zu erwartenden Gewinn?"

Phase IV: Lösungen und Denk - Netz

Lösungen der Knobelaufgaben

Hier ist die Lösung:

Spiel 24

2 - 9 - 6 - 6
9 - **6** = 3
2 + **6** = 8
8 x 3 = 24

Magico

6	9	6	11
1	2	3	6
2	5	2	9
3	2	1	6
			7

3. Woche - 5. Übungstag

Denk - Netz

Hier ist Platz für Ihr Denk-Netz zum "Wissenswerten“ aus dem Merk-Zettel von heute.

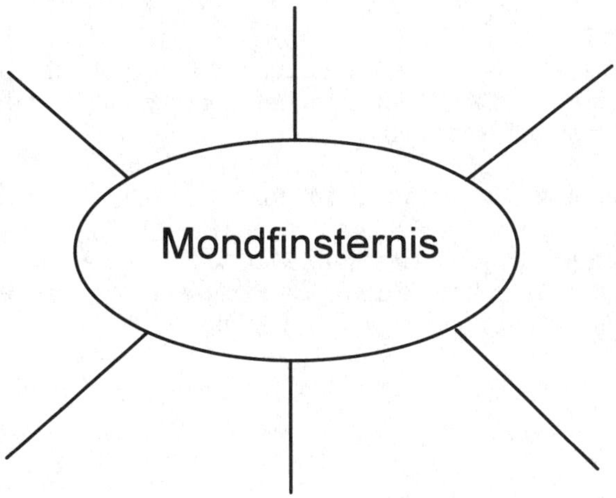

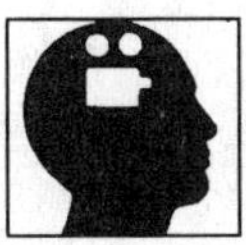

Kür-Phase V: Kopf-Kino

Führen Sie im Laufe des Tages Ihr Kopf-Kino-Programm durch, immer dann, wenn Sie Zeit und Lust dazu haben.

Phase I: Aufwärmübung

1. Teil: Atemtechnik

Denken Sie bitte an den Atem-Rhythmus:

6 Pulsschläge lang einatmen, 3 Pulsschläge lang die Luft anhalten, 6 ausatmen, 3 Pause und wieder langsam einatmen.

Richtige Atmung können Sie auch mit Tönen unterstützen: Versuchen Sie es beim Einatmen mit einem iiiiih und beim Ausatmen mit einem uuh!

Wiederholen Sie auch hier 10 Mal.

Schließen Sie die Augen und lassen Sie die Bilder von Meereswellen, Kornfeldern, Baumwipfeln oder ziehenden Wolken vor Ihrem inneren Auge entstehen.

3. Woche - 6. Übungstag

2. Teil: Gymnastische Übungen

Schere

Mit dieser Übung trainieren Sie Ihre Arme und Schultern im Sitzen oder Stehen.

- Strecken Sie Ihre Arme seitwärts und waagerecht aus.
- Schwingen Sie Ihre Arme kräftig nach vorn und wieder zurück. Überkreuzen Sie die Arme vorne dabei wie bei einer Schere.
- Abwechselnd ist der linke und der rechte Arm oben.
- Führen Sie die Übung 10 Mal durch.

Isometrische Übung

- Ihre Hände greifen hinter Ihrem Kopf ineinander.
- Versuchen Sie, den linken Arm gegen den Widerstand der rechten Hand seitlich wegzuziehen.
- Danach üben Sie mit dem rechten Arm.

- Setzen Sie sich auf einen Stuhl und legen Sie die Hände seitlich neben sich, mit den Fingern nach hinten und den Daumen nach außen.
- Pressen Sie die Finger fest nach vorne und nach unten.
- Versuchen Sie dabei, den Körper mit der Kraft der Finger nach hinten hochzuheben.

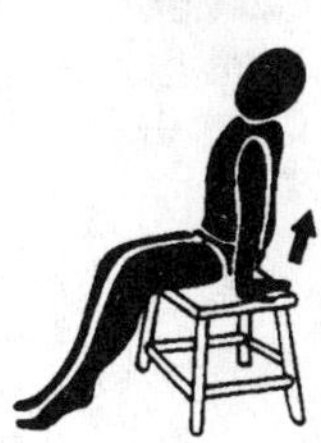

Phase II: Basistraining

1. Teil: Informationsaufnahme

Zahlen suchen

Versuchen Sie, gleiche Zahlen, die in dieser Anordnung

3 1 **3**
7 **3** 3

stehen, zu entdecken und anzustreichen.

525	124	527	828	423	427
452	323	585	781	224	222
332	531	154	124	757	424
676	827	474	505	179	327
264	434	587	258	423	505
848	941	626	421	424	707
982	725	761	383	941	273
324	533	524	431	517	408
646	707	303	277	718	242
463	578	831	774	727	129
255	887	121	626	174	412
722	124	517	169	534	219

Zustände

Komische Umstände haben komische Zustände produziert und dabei sind die Buchstaben der Wörter etwas durcheinander geraten. Finden Sie bitte heraus, um welche "Zustände" es sich hier handelt.

1) okimchs
2) fereggtau
3) ltigsu
4) garsivsge
5) chinulsa
6) löfchirh
7) rigtrau
8) recktübd
9) rehschcoli

3. Woche - 6. Übungstag

2. Teil: Informationsspeicherung

Gegenstände

Prägen Sie sich diese 20 Gegenstände so schnell wie möglich ein. Blättern Sie dann um und schreiben Sie die Namen der Gegenstände auf.

Schwarz-Weiß Malerei

Versuchen Sie bitte, sich diese Figuren genau einzuprägen. Danach blättern Sie um.

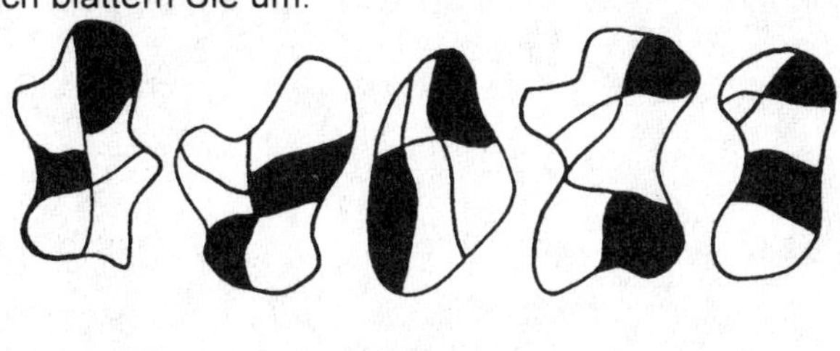

Phase II: Lösungen und Fortsetzung

Lösungen

Zahlen suchen

Die Anordnung der Zahlen gab es 20 Mal.

52**5**	124	527	**8**2**8**	423	427
4**5**2	**3**2**3**	585	7**8**1	224	**2**2**2**
332	5**3**1	154	124	**7**5**7**	4**2**4
67**6**	827	474	**5**0**5**	1**7**9	327
2**6**4	**4**3**4**	587	2**5**8	423	505
84**8**	9**4**1	**6**2**6**	421	**4**2**4**	**7**0**7**
9**8**2	725	7**6**1	**3**8**3**	9**4**1	2**7**3
324	533	524	4**3**1	517	408
64**6**	**7**0**7**	**3**0**3**	277	718	**2**4**2**
4**6**3	5**7**8	8**3**1	774	**7**2**7**	1**2**9
255	887	**1**2**1**	**6**2**6**	1**7**4	412
722	124	5**1**7	1**6**9	534	219

Zustände

Gut, daß Sie die Buchstaben sortiert haben. Denn die Zustände sind so besser zu erkennen.

1) komisch
2) aufgeregt
3) lustig
4) aggressiv
5) launisch
6) fröhlich
7) traurig
8) bedrückt
9) cholerisch

3. Woche - 6. Übungstag

Fortsetzung

Gegenstände

Schreiben Sie hier die Gegenstände auf, die Sie behalten haben. Die Reihenfolge ist unwichtig.
Danach blättern Sie zurück, um Ihr Ergebnis zu überprüfen.

Schwarz-Weiß-Malerei

Nun sind alle Figuren weiß. Malen Sie bitte die richtigen Felder wieder schwarz. Blättern Sie aber nicht zu früh zurück.

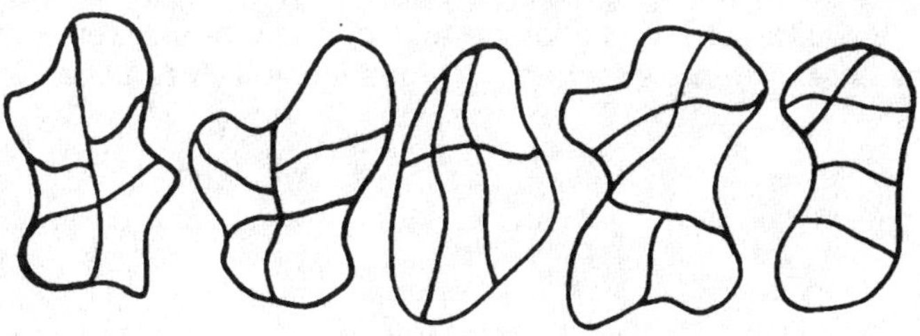

Phase III: Merk - Zettel

Wissenswertes

Warum weht der Wind?
Ob leichte Brise oder verheerender Sturm: Die Luft ist immer in Bewegung. Die Triebkraft dafür heißt Sonnenenergie. Wird die Luft erwärmt, so dehnt sie sich aus, steigt hoch, und am Boden bilden sich dabei Tiefdruckgebiete. Wenn die erwärmte Luft aufsteigt, strömen benachbarte dichtere, kühlere Luftmassen ein - dies ist der Wind - und treten an die Stelle der aufsteigenden Luftmassen.
Bei der Entstehung von Wind spielen auch geographische Gegebenheiten eine Rolle, etwa Berge und Wüsten, oder die unterschiedliche Erwärmung ausgedehnter Land- und Meeresgebiete. Neben den großen Windgürteln der Erde können daher in vielen Gebieten örtlich und zeitlich begrenzte Winde auftreten.
In den Alpen, aber auch im Alpenvorland ist der Föhn bekannt. Dieser warme, trockene Fallwind ist ein regelrechter Schneefresser. Die Ursache sind Luftströmungen, die an der Windseite des Gebirges Feuchtigkeit abgeben und sich beim Absteigen stärker erwärmen, als sie sich während des Aufstiegs abgekühlt haben. Ein Föhnsturm kann innerhalb von Stunden die Temperaturen um mehr als 20 Grad steigen lassen. Besonders häufig geschieht dies im Winter oder Frühjahr. Die Luftdruck- und Temperaturschwankungen bei Föhn machen vielen Menschen auch gesundheitlich zu schaffen.

3. Woche - 6. Übungstag

Planungsbogen für den Tag **Datum:** ______________

Vormittag: ______________________________

____

____

Nachmittag: ______________________________

____

____

Abend: ______________________________

____

____

Mein besonderes Tagesziel: ______________________________

____

____

____

Phase III:
Merk-Zettel - Fragen zum Vortag

Wissenswertes

* Wie oft ist eine Sonnenfinsternis auf der Erde zu beobachten?

* Wie steht der Mond bei einer Sonnenfinsternis?

* Wann tritt eine Mondfinsternis auf?

* Warum verschwindet der Mond selbst bei einer totalen Finsternis nicht ganz?

3. Woche - 6. Übungstag

Zum Tagesplan des Vortages

Haben Sie gestern Ihren Tagesplan eingehalten?
Schreiben Sie hier bitte auf, was Sie gestern erledigt haben.

Vormittag:

Nachmittag:

Abend:

Mein besonderes Tagesziel war:

Phase IV: Denk - Mal

Knobelaufgaben

Spiel 24

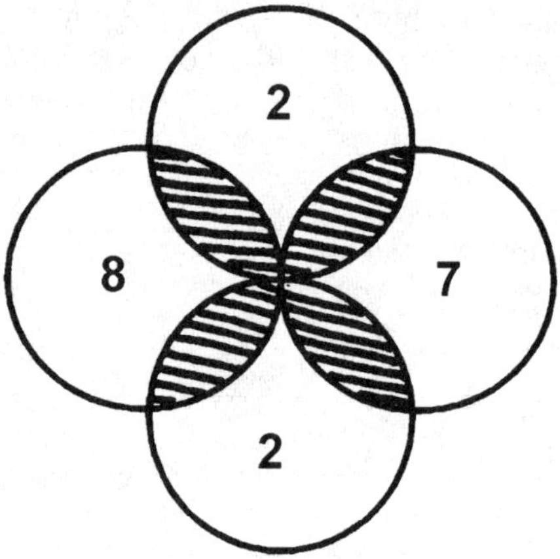

Die große Familie

"Aber Elise, Sie haben ja viel zu viele Teller aus dem Schrank geholt."

"Wieso? Sie haben doch gesagt, es wären heute abend ein Großvater, eine Großmutter, zwei Väter, zwei Mütter, vier Kinder, drei Enkel, ein Bruder, zwei Schwestern, zwei Söhne, zwei Töchter, ein Schwiegervater, eine Schwiegermutter und eine Schwiegertochter da. Das sind im ganzen dreiundzwanzig Personen!"

"Ach wo, in Wirklichkeit sind das natürlich viel weniger!"

Wie viele Personen kommen jetzt eigentlich zu Besuch?

3. Woche - 6. Übungstag

Tip des Tages

Kräuter sammeln
Kennen Sie sich mit Kräutern aus? Sammeln Sie doch mal wieder für einen Tee oder für ein Gemüse oder als Gewürz zum Kochen. Es gibt zwar auch Fertigtees, das ist viel bequemer, aber längst nicht so gesund. Außerdem schmeckt ein Tee von selbstgesammelten Kräutern viel besser. Sie sollten allerdings darauf achten, die Kräuter nicht auf stark belasteten Flächen zu sammeln. Straßen und Fabriken sollten weit entfernt gelegen sein.

Lern-Strategie

Namen erinnern
Wenn Sie sich nicht an den Namen einer Person erinnern können, versuchen Sie, Ihrem Gedächtnis zu helfen.
Erzeugen Sie in Ihren Gedanken mit Hilfe des Kopf-Kinos ein möglichst plastisches, lebendiges Bild der Situation, in der Sie diesen Menschen kennengelernt oder getroffen haben.
Wichtig ist, daß Sie dieses Bild in aller Ruhe und in allen Einzelheiten auf sich wirken lassen. Nehmen Sie sich Zeit, damit sich das Bild entwickeln und verändern kann. Versuchen Sie nicht, sich krampfhaft zu erinnern, sondern bleiben Sie gelassen. "Schauen" Sie sich das Bild an, "hören" Sie dem Gespräch zu, das damals geführt wurde. Nach einer Weile erinnern Sie sich an immer mehr Einzelheiten und dann fällt Ihnen auch meist ganz plötzlich der Name wieder ein.
Ähnlich können Sie verfahren, wenn Sie sich an den Namen einer Stadt, Straße oder eines Produktes erinnern möchten.

Phase IV: Lösungen und Denk - Netz

Lösungen zu den Knobelaufgaben

Hier ist die Lösung:

Spiel 24

2 - 8 - 7 - 2
7 - **2** = 5
5 - **2** = 3
3 x **8** = 24

Die große Familie
Es sind im Ganzen nur 7 Personen, die zu Besuch kommen. Ein älteres Ehepaar (Großvater und Großmutter), deren Sohn und seine Frau und die drei Kinder.

Vielleicht haben Sie ja nun Lust bekommen, Ihre Verwandten mit einem ähnlichen Rätsel zu beschäftigen. Denken Sie sich eins aus, das auf Ihre Verwandtschaftsverhältnisse paßt!

3. Woche - 6. Übungstag

Denk - Netz

Hier ist Platz für Ihr Denk-Netz zum "Wissenswerten" aus dem Merk-Zettel von heute.

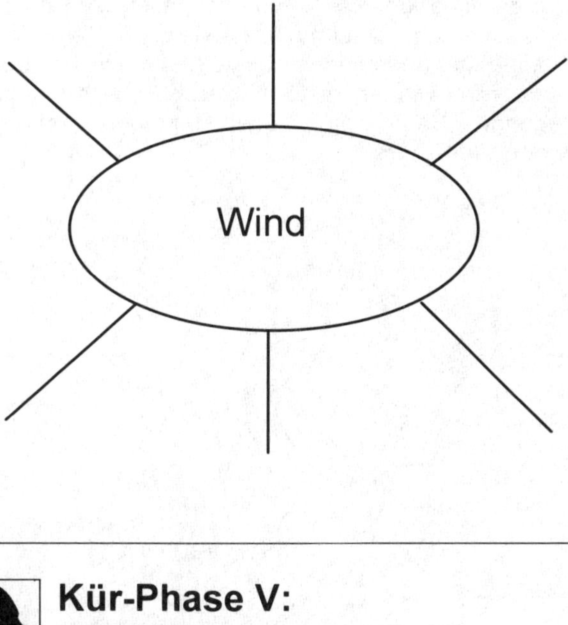

Kür-Phase V: Kopf-Kino

Führen Sie im Laufe des Tages Ihr Kopf-Kino-Programm durch, immer dann, wenn Sie Zeit und Lust dazu haben.

Phase I: Aufwärmübung

1. Teil: Atemtechnik

Denken Sie bitte an den Atem-Rhythmus:
6 Pulsschläge lang einatmen, 3 Pulsschläge lang die Luft anhalten, 6 ausatmen (dabei einen U-Ton erzeugen), 3 Pause und wieder langsam einatmen.
Wiederholen Sie diesen Atem-Rhythmus etwa 10 Mal.
Schließen Sie dabei die Augen und stellen Sie sich das Bild einer langsamen, gleichmäßigen Bewegung vor: langsam anrollende und ausrollende riesige Meereswellen, oder sich leicht im Wind wiegende Kornfelder, oder sich majestätisch bewegende Baumwipfel, oder langsam am Himmel ziehende Wolken.

3. Woche - 7. Übungstag

2. Teil: Gymnastische Übungen

Bein-Schere

- Legen Sie sich auf den Rücken. Ihre Arme ruhen neben Ihrem Körper.
- Heben Sie das gestreckte, rechte Bein hoch und kreuzen Sie es über das linke Bein.
- Versuchen Sie, mit der Fußspitze den Boden zu berühren.
- Wiederholen Sie die Übung abwechselnd links, rechts, jeweils 5 Mal.

Isometrische Übungen

- Stellen Sie sich vor ein schweres Möbelstück (Schrank, Sofa), und schieben Sie die rechte Fußspitze darunter.
- Pressen Sie das rechte Bein mit gestrecktem Knie fest nach vorn oben, als ob Sie dieses Möbelstück wegdrücken wollten.
- Üben Sie danach mit dem linken Bein.

- Knien Sie sich auf das linke Bein und strecken Sie das andere nach vorne. Die Ferse ruht auf dem Boden.
- Pressen Sie das gestreckte Bein fest gegen den Boden.
- Knien Sie sich dann auf das rechte Bein und trainieren Sie das linke.

Phase II: Basistraining

1. Teil: Informationsaufnahme

Anagramm
In einem Wort können sich viele Wörter verstecken. Ein Beispiel zeigt Ihnen wie es geht:

GESCHICHTENERZÄHLER
Geschichten, Schicht, schichten, chic, ich, es, Nerz, Erz, er, Erzähler, erzähle, Zähler, zäh u.s.w.
Schreiben Sie nun auf welche Wörter sich verstecken in:

EINLADUNGSSCHREIBEN

TRAMPELPFADHINWEISE

Getreide
Die Abbildung zeigt eine Getreideähre und vier Teilausschnitte. Welcher von diesen Ausschnitten gehört zur Ähre?

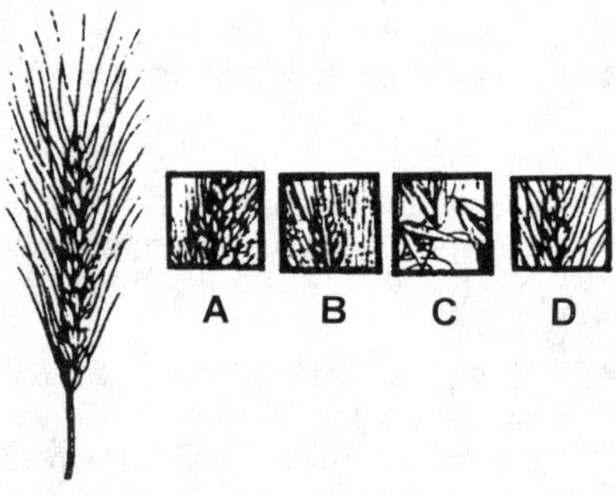

3. Woche - 7. Übungstag

2. Teil: Informationsspeicherung

Quadrate
Schauen Sie sich diese Figur 3 Minuten lang an. Prägen Sie sich die Stellung der einzelnen Quadrate ganz genau ein, konzentrieren Sie sich nur auf die Quadrate.
Schließen Sie zwischendurch die Augen und versuchen Sie, die Anordnung der Quadrate vor sich zu sehen.
Blättern Sie dann um.

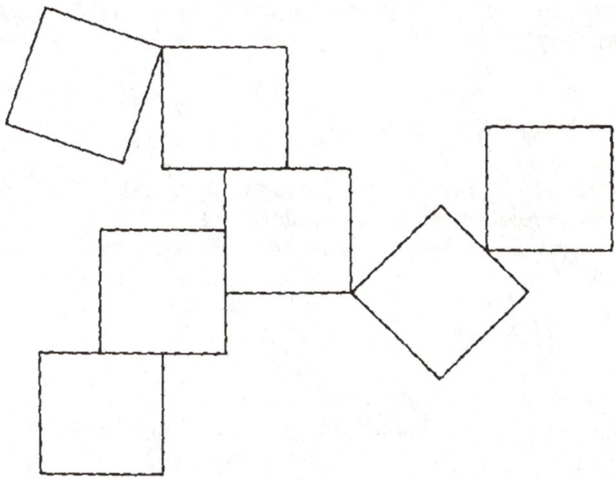

Wortliste
Lesen Sie bitte diese Wortliste und prägen Sie sich alle Wörter ein.

Salzwasser - Vollkornbrot - Fahrstuhl - Ägypten - Fröhlichkeit - Haustür - Eisbär - Beton - Schwarzwald

Phase II: Lösungen und Fortsetzung

Lösungen

Anagramm
Sie haben bestimmt viele von diesen Wörtern gefunden. Vielleicht sogar noch andere? Dann sind Sie sprachlich äußerst gewandt und kreativ.

EINLADUNGSSCHREIBEN

Einladung, Ladung, ein, Ei, in, du, Dung, Schreiben, schreiben, schreibe, Schrei, Reiben, reiben, Reibe, Eiben, Eibe, Ben

TRAMPELPFADHINWEISE

Trampelpfadhinweis, Trampelpfad, Trampel, Tram, Ram (Arbeitsspeicher des Computers), am, Rampe, Tramp (Landstreicher), Ampel, Pfad, fad, Hinweis, hin, in, weise, Eis, Ei

Getreide
Ausschnitt D ist der obere Teil der Ähre

3. Woche - 7. Übungstag

Fortsetzung

Quadrate

Versuchen Sie nun, die Figur aus dem Kopf nachzuzeichnen. Es kommt dabei besonders auf die Stellung der Quadrate zueinander an. Vergleichen Sie am Schluß Ihre Zeichnung mit der Abbildung auf der vorherigen Seite.

Wortliste

Haben Sie sich alles merken können? Schreiben Sie hier die Wörter auf. Erst danach zum Vergleich zurückblättern.

Phase III: Merk - Zettel

Wissenswertes

Weißt du, wieviel Sternlein stehen....?
Wenn man in einer klaren Nacht zum Himmel blickt, hat es den Anschein, als sähe man Millionen Sterne. In Wirklichkeit sehen wir aber nur etwa 6000. Die Astronomen dagegen können heute mit den modernen Riesenteleskopen Fotos aufnehmen, die buchstäblich Millionen Sterne zeigen.
Astronomen zählen die Sterne natürlich nicht nur, sondern sie wollen auch genau wissen, wo jeder Stern am Himmel steht, damit sie ihn katalogisieren können. Schon vor der Erfindung des Fernrohrs um 1600 hatten die Astronomen die Positionen der mit bloßem Auge sichtbaren Sterne mit einfachen Visiervorrichtungen bestimmt. Ein Teleskop vergrößert nicht nur den erfaßten Himmelsausschnitt, sondern sammelt auch mehr Licht als das unbewaffnete Auge. Deshalb erkennt man durch ein Teleskop sogar sehr schwach leuchtende Sterne. Selbst durch ein normales Fernglas sieht man zehnmal so viele Sterne wie mit bloßem Auge.
Ab etwa 1840 vermaß der preußische Astronom Friedrich Wilhelm August Argelander 324198 Sterne der nördlichen Himmelskugel. Später ergänzten Astronomen in Argentinien diesen Katalog mit Sternen der südlichen Himmelskugel. Schließlich betrug die Gesamtzahl
1.072 000 registrierte Himmelskörper.
Auf jedem Stern in diesen Katalogen kommen heute 1000 schwächer leuchtende, die durch die größten Teleskope der Welt sichtbar werden. Die Astronomen zählen die Sterne allerdings nicht mehr beim Blick durch das Fernglas. Sie messen vielmehr auf lange belichteten Fotos die Positionen der Sterne.
Ein Astronom würde jahrelang an den Aufnahmen sitzen, doch Laser und Computer beschleunigen diesen Vorgang erheblich.

3. Woche - 7. Übungstag

Planungsbogen für den Tag **Datum:**

Vormittag:

Nachmittag:

Abend:

Mein besonderes Tagesziel:

Phase III:
Merk-Zettel - Fragen zum Vortag

Wissenswertes

* Nennen Sie die Triebkraft für die Bewegung der Luft.

* Erklären Sie das Prinzip des Luftmassenaustausches!

* Was versteht man im Alpenvorland unter einem Föhn?

* Welche Auswirkungen hat der Föhn?

3. Woche - 7. Übungstag

Zum Tagesplan des Vortages

Haben Sie gestern Ihren Tagesplan eingehalten? Schreiben Sie hier bitte auf, was Sie gestern erledigt haben.

Vormittag:

Nachmittag:

Abend:

Mein besonderes Tagesziel war:

Phase IV: Denk - Mal

Knobelaufgaben

Spiel 24

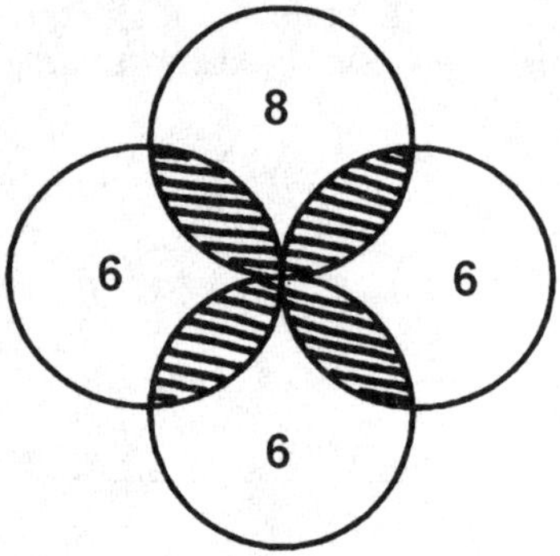

Die kluge Spinne

Eine Spinne hat ein kunstvolles Netz gebaut, das so aussieht:

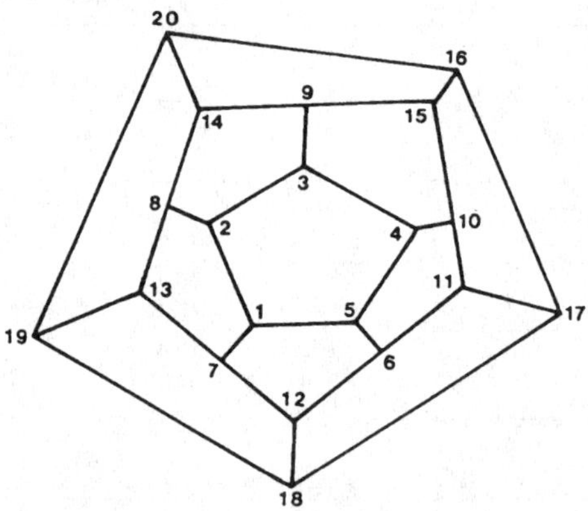

Das Netz hat 20 Knotenpunkte.
Die Spinne sitzt am Punkt 1 und startet. Sie wandert über ihr Netz und berührt dabei jeden Schnittpunkt nur ein einziges Mal. Die ersten fünf Stationen hat sie schon hinter sich: 1 - 2 - 3 - 9 - 14.

Wie krabbelt sie weiter?
(Die Spinne muß nur jeden Knotenpunkt, aber nicht jeden Faden berühren!)

3. Woche - 7. Übungstag

Tip des Tages

Kneippkur
Machen Sie doch einmal eine Kneippkur, keine Kneipen-Kur!
Dazu brauchen Sie eigentlich nur eine Wanne oder eine Schüssel mit kaltem Wasser. Wenn Sie Ihre Beine eintauchen und darin bewegen, wirkt das erfrischend und anregend auf Ihren Kreislauf. Ähnlich wirken warme und kalte Wechselbäder. Das bringt Sie so richtig schön in Schwung.

Lern-Strategie

Auswahl der Informationen, die rasch zu verarbeiten und lang zu behalten sind
Informationen können Sie leichter verarbeiten und behalten, wenn Sie diese Punkte befolgen:
- Achten Sie auf die Auswahl richtiger Informationen.
- Sachtexte in Sachbüchern liefern eher richtige Informationen als marktschreierische Boulevardblätter.
- Achten Sie auf die Verständlichkeit der Texte.
- Entscheiden Sie sich durch Probelesen für einen Text, der Ihnen am angenehmsten zu lesen erscheint.
- Denn nur wenn Sie für Sie Verständliches lesen, werden Sie es auch leichter und länger behalten können.
- Versuchen Sie, Informationen mit mehreren Sinnen aufzunehmen: Sehen, Hören, Tasten, Fühlen.
- Wiederholen Sie Wichtiges.
- Leichter merken Sie sich etwas, wenn Sie sich konkrete Situationen vorstellen und einprägen.

Phase IV: Lösungen und Denk - Netz

Lösungen der Knobelaufgaben

Hier ist die Lösung:

Spiel 24

8 - 6 - 6 - 6
8 - **6** = 2
6 + **6** = 12
12 x 2 = 24

Die kluge Spinne
Die Spinne muß auf ihrer Wanderung nacheinander diese Punkte berühren:

1 - 2 - 3 - 9 - 14 - 8 - 13 - 7 - 12 - 6 - 11 - 17 - 18 - 19 - 20 - 16 - 15 - 10 - 4 - 5

3. Woche - 7. Übungstag

Denk - Netz

Hier ist Platz für Ihr Denk-Netz zum "Wissenswerten“ aus dem Merk-Zettel von heute.

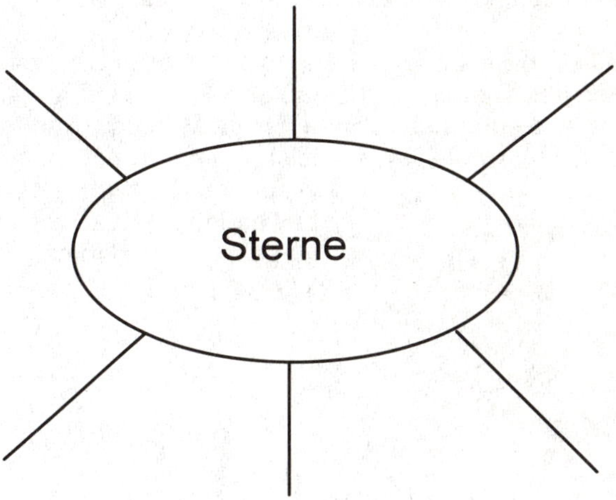

Kür-Phase V: Kopf-Kino

Führen Sie im Laufe des Tages Ihr Kopf-Kino-Programm durch, immer dann, wenn Sie Zeit und Lust dazu haben.

Phase I: Aufwärmübung

1. Teil: Atemtechnik

Denken Sie bitte an den Atem-Rhythmus:
6 Pulsschläge lang einatmen, 3 Pulsschläge lang die Luft anhalten, 6 ausatmen (dabei einen U-Ton erzeugen), 3 Pause und wieder langsam einatmen.

Wiederholen Sie diesen Atem-Rhythmus etwa 10 Mal.

Schließen Sie dabei die Augen und stellen Sie sich das Bild einer langsamen, gleichmäßigen Bewegung vor: langsam anrollende und ausrollende riesige Meereswellen, oder sich leicht im Wind majestätisch wiegende Kornfelder, oder sich bewegende Baumwipfel, oder langsam am Himmel ziehende Wolken.

4. Woche - 1. Übungstag

2. Teil: Gymnastische Übungen

Rumpfseitbeuge mit gestreckten/gebeugten Beinen
Die heutige Übung dehnt den Oberkörper und stärkt die Oberschenkelmuskulatur. Stellen Sie sich dazu bitte aufrecht hin, die Füße ca. einen halben Meter weit auseinander. Strecken Sie den linken Arm in die Höhe, während der rechte Arm zum linken Oberschenkel zeigt. Ziehen Sie vom linken Arm ausgehend den Oberkörper nach rechts, wobei Sie gleichzeitig Ihr rechtes Knie beugen. Sie sollten dabei einen leichten Dehnreiz spüren; diese Position sollten Sie 6 Sekunden lang halten. Richten Sie sich dann wieder auf, wechseln die Armhaltung und beugen Sie sich zur linken Seite. Führen Sie diese Übung in fließendem Übergang ca. 10 Mal zu jeder Seite durch.

Isometrische Übung
Setzen Sie sich mit leicht auseinandergestellten Beinen auf einen Stuhl oder die Bettkante. Mit den Händen drücken Sie nun fest von außen gegen die Knie; dabei müssen Sie die Oberschenkelmuskulatur anspannen, um Gegendruck zu erzeugen.
Führen Sie die Übung 3 Mal jeweils 6 Sekunden lang durch.
Dann nehmen Sie die Hände zwischen die Knie und bauen ebenfalls einen Druck zwischen Beinen und Händen auf. Auch diese Übung führen Sie bitte 3 Mal 6 Sekunden lang aus.

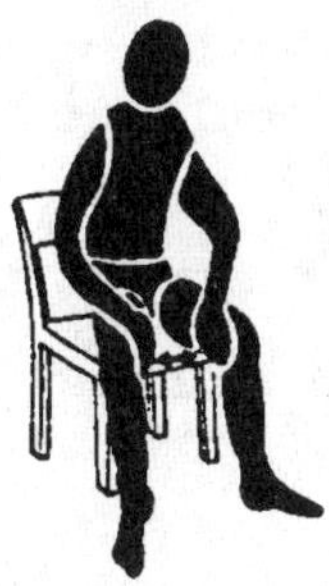

Phase II: Basistraining

1. Teil: Informationsaufnahme

Boggle - Buchstaben kreuz und quer

Bilden Sie bitte aus benachbarten Buchstaben Wörter, die mindestens 3 Buchstaben haben. Es dürfen keine Eigen-, Fremd- oder Phantasiewörter vorkommen. Alle Wörter müssen in einem Wörterbuch stehen.
Ein Beispiel zeigt Ihnen noch einmal, wie es geht:

T	N	I	E
O	E	T	D
N	B	E	H
A	C	M	X

OBEN
Nun sind Sie an der Reihe.

Anagramm

Aus den Buchstaben des vorgegebenen Wortes sollen Sie möglichst viele neue Wörter bilden.

Das vorgegebene Wort lautet: HAUSMEISTER

4. Woche - 1. Übungstag

2. Teil: Informationsspeicherung

Tiergarten
Sehen Sie sich bitte die Abbildung einige Sekunden konzentriert an und blättern Sie dann um.

Buchstabenreihen
Versuchen Sie bitte, sich die folgenden Buchstaben möglichst schnell einzuprägen. Dann blättern Sie bitte um.

F G W P   Q T Z U   E T M L   A D L O

Phase II: Lösungen und Fortsetzung

Lösungen

Boggle - Buchstaben kreuz und quer
Hier sind einige Wörter, die im Spiel enthalten sind. Sicher haben Sie noch mehr oder andere gefunden.

EIN; EINE; DEIN; DIE; DIEB; EID; DIN; DEM; MET; HEBEN; TON; NOT; NIE; NIET; NEID

Anagramm
Auch hier geben wir Ihnen nur einige Beispielwörter. Sie sind wirklich gut, wenn Sie noch mehr oder/und andere Wörter gefunden haben.

HAUS; MAUS; SAUM; HASE; RAUM; EI; HASS; HEIM; MEISTER; REIM; MEER; MEISE; IST; EIMER

4. Woche - 1. Übungstag

Fortsetzung

Welche Tierarten leben im Tiergarten? Schreiben Sie hier die Tiere auf, die Sie sich merken konnten:
Zur Kontrolle blättern Sie zurück.

___

___

___

Buchstabenreihen
Erinnern Sie sich noch an die Buchstaben?
Welche fehlen hier? Ergänzen Sie bitte die fehlenden und vergleichen Sie.

F __ W __   __ __ Z U   E __ __ L   __ D __ O

Phase III: Merk - Zettel

Wissenswertes

Pflanzen als Treibstoff im Tank
Zu den ältesten Fertigkeiten des Menschen gehört die Herstellung alkoholischer Getränke aus vergorenen pflanzlichen Rohstoffen. Heute, da Erdöl knapp und teuer ist, wird der aus Pflanzen gewonnene Alkohol jedoch auch anders genutzt, nämlich als alternativer Treibstoff für Kraftfahrzeuge.
Brasilien, der größte Hersteller von Treibstoff aus Pflanzen, startete zwei Jahre nach der Erdölkrise von 1973 sein Alkoholprogramm, um die Menge der immer teurer werdenden Erdölimporte drastisch verringern zu können. Für die Herstellung von Treibstoff aus Alkohol verwenden die Brasilianer einen billigen Rohstoff, den sie im Überfluß anbauen - Zuckerrohr.
Zunächst wird der Rohrzucker mit Wasser und Hefe vermischt und in großen Tanks zu einer alkoholischen Flüssigkeit vergoren, ähnlich Wein oder Bier.
Für Treibstoff ist jedoch 100 %iger Alkohol nötig. Deshalb muß die Flüssigkeit destilliert werden. Zuerst wird sie erhitzt, bis der Alkohol verdampft. Das Wasser bleibt zurück, und der kondensierte Alkoholdampf wird gesammelt. Dieser Vorgang erfordert eine Menge Energie. Kritiker behaupten, daß die Herstellung von Alkohol aus Pflanzen mehr Energie verbraucht, als der Alkohol liefert. Neben der eigentlichen Herstellung von Alkohol wird Energie benötig für den Anbau der Pflanzen, Treibstoff für die landwirtschaftlichen Maschinen und Energie zur Herstellung von Dünge- und Unkrautvernichtungsmittel.
Trotzdem fahren über 80 % der brasilianischen Autos mit reinem Alkohol statt mit Benzin. Die Kosten für Erdölimporte sind auf 2 Milliarden Dollar pro Jahr zurückgegangen.

4. Woche - 1. Übungstag

Planungsbogen für den Tag **Datum:**

Vormittag:

Nachmittag:

Abend:

Mein besonderes Tagesziel:

Phase III:
Merk-Zettel - Fragen zum Vortag

Wissenswertes

* Wieviel Sterne kann man mit bloßem Auge am Himmel erkennen?

* Nennen Sie eine Aufgabe der Astronomen!

* Welche Funktion hat ein Teleskop?

* Wie werden die Sterne heute erfaßt und gezählt?

4. Woche - 1. Übungstag

Zum Tagesplan des Vortages

Haben Sie gestern Ihren Tagesplan eingehalten?
Schreiben Sie hier bitte auf, was Sie gestern erledigt haben.

Vormittag:

Nachmittag:

Abend:

Mein besonderes Tagesziel war:

Phase IV: Denk - Mal

Knobelaufgaben

Spiel 24

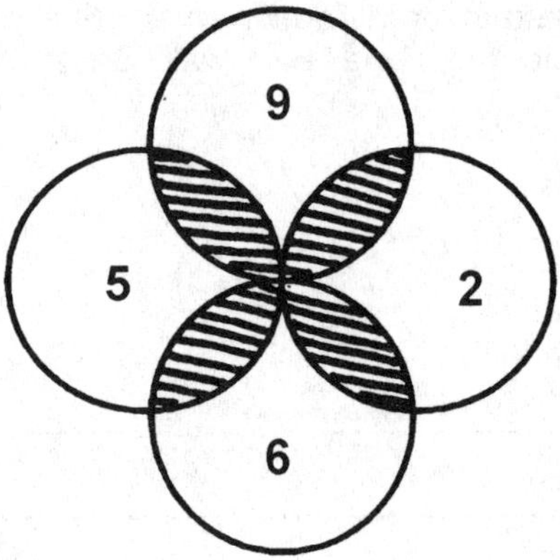

Magico

Sie erinnern sich bestimmt noch. Die Zahlen müssen so in die Felder eingetragen werden, daß die Summen in der Waagerechten, Senkrechten und Diagonalen die entsprechenden Ziffern ergeben.

7	9	9	7
			9
	2		9
			7
			6

4. Woche - 1. Übungstag

Tip des Tages

Musik und Musiker
Mögen Sie klassische Musik? Haben Sie sich nicht schon einmal gefragt, welcher Mensch sich eigentlich dahinter verbirgt? Versuchen Sie doch, alles über Ihren Lieblingskomponisten herauszufinden.
Beethoven, Bach, Mozart, Haydn, Schumann, Mendelsohn, Chopin, Liszt, Wagner, Rossini, Verdi, Brahms, Puccini, Mahler: es gibt so viele Komponisten. Aber wer weiß schon, wann sie lebten, bei wem sie komponieren lernten, welchen Schüler sie hatten, für wen oder was sie spielten oder komponierten.
Es gibt über die meisten von ihnen bestimmt einiges zu lesen: z.B. in einem Lexikon oder ausführlicher in Büchern aus der Stadtbücherei. Fragen Sie dort einmal nach.

Phase IV: Lösungen und Denk - Netz

Lösungen zu den Knobelaufgaben

Hier ist die Lösung:

Spiel 24

9 - 5 - 2 - 6
5 x **6** = 30
30 : **2** = 15
15 + **9** = 24

Magico

7	9	9	7
2	4	3	9
3	2	4	9
2	3	2	7
			6

4. Woche - 1. Übungstag

Denk - Netz

Hier ist Platz für Ihr Denk-Netz zum "Wissenswerten" aus dem Merk-Zettel von heute.

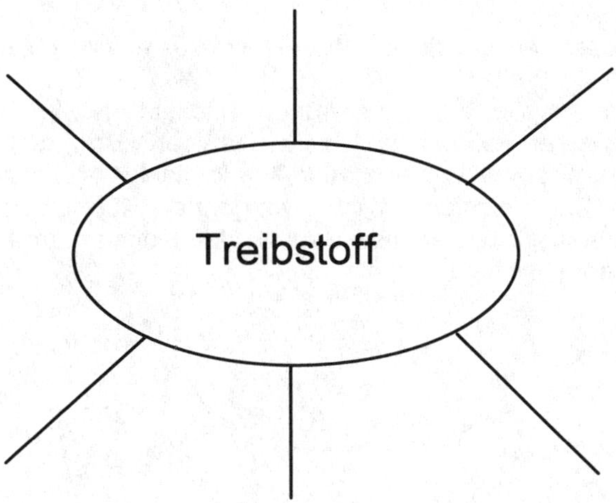

Kür-Phase V: Kopf-Kino

Führen Sie im Laufe des Tages Ihr Kopf-Kino-Programm durch, immer dann, wenn Sie Zeit und Lust dazu haben.

Phase I: Aufwärmübung

1. Teil: Atemtechnik

Denken Sie bitte an den Atem-Rhythmus:

6 Pulsschläge lang einatmen, 3 Pulsschläge lang die Luft anhalten, 6 ausatmen (dabei einen U-Ton erzeugen), 3 Pause und wieder langsam einatmen.

Wiederholen Sie diesen Atem-Rhythmus etwa 10 Mal.

Schließen Sie dabei die Augen, und stellen Sie sich das Bild einer langsamen, gleichmäßigen Bewegung vor: langsam anrollende und ausrollende, riesige Meereswellen; sich im leichten Wind wiegende Kornfelder; sich majestätisch bewegende Baumwipfel; langsam am Himmel ziehende Wolken.

4. Woche - 2 Übungstag

2. Teil: Gymnastische Übungen

Fußballspielen

Warum sollen Sie nicht mal wieder Fußball spielen? Natürlich nur mit einem gedachten Ball in Ihrer Wohnung.
Stellen Sie sich locker hin, die Füße sind schulterbreit auseinander.
Strecken Sie nun die Arme waagerecht nach vorne und versuchen Sie aus einem lockeren "Auf-der-Stelle-laufen" einen gedachten Ball so aus Ihren Händen zu "schießen", daß sich Fuß und Fingerspitzen berühren.
Mit jedem Fuß sollten Sie ca. 10 Mal einen Ball weggetreten haben.

Isometrische Übung
Nach dem Fußballspielen geht's zum Skifahren in die Abfahrtshocke. Stellen Sie sich vor, Sie müßten einen langen Hang hinunterfahren. Dazu gehen Sie in die Hocke (Winkel größer als 90 °) und winkeln die Arme an den Oberkörper an. Um noch schneller fahren zu können, beugen Sie den Oberkörper nach vorne und machen Sie einen runden Rücken. Die Unebenheiten der Piste können Sie durch leichtes Wippen oder Federn in den Knien ausgleichen.

Sie sollten diese Stellung 45 Sekunden lang halten. Wenn Ihnen das Skifahren Spaß macht, können Sie natürlich auch noch die zweite Piste bis ins Tal hinunter nehmen.

Phase II: Basistraining

1. Teil: Informationsaufnahme

Das Fensterhaus
Von diesen acht Fenstern stammen zwei aus dem Haus. Finden Sie bitte heraus, welche es sind und wohin sie gehören!

Buchstabenlücken
Bei diesem Spiel sollen Sie aus zwei vorgegebenen Buchstaben so viele Wörter wie möglich machen. Dabei dürfen Sie die Vokale (a, e, i, o, u), Umlaut (ä, ö, ü) und Doppellaute (au, ai, eu, ei) ergänzen. Die vorgegebenen Buchstaben sind **B** und **T**.
Zwei Beispiel geben wir Ihnen: Abt, U-Boot.
Wie viele Wörter fallen Ihnen ein?

4. Woche - 2. Übungstag

2. Teil: Informationsspeicherung

Die Küche
Schauen Sie sich diese Küchenszene bitte 1 Minute sehr genau an. Danach blättern Sie weiter.

Wortliste
Lesen Sie bitte diese Wortliste und prägen Sie sich alle Wörter ein.

Gegenteil - Wasserstand - Kriminalroman - Bettelmann - Muschel- Nadel - Glück - Eiweiß - Holztreppe

Phase II: Lösungen und Fortsetzung

Lösungen

Das Fensterhaus
Die Fenster C und F gehören zum Haus

Buchstabenlücken
Hier sind einige Beispiele:

Abte, Abtei, Beet, biete, Beute, Beta, Beate...

4. Woche - 2. Übungstag

Fortsetzung

Die Küche

Beantworten Sie bitte diese Fragen aus dem Gedächtnis. Blättern Sie erst nach der letzten Frage zum Vergleich zurück.

- Was hat die rechte Frau auf dem Rücken?

____

- Trägt die linke Frau eine Schürze?

____

- Wieviele Teller sind im Regal?

____

- Hat eine der Frauen eine Kopfbedeckung?

____

Wortliste
Notieren Sie jetzt alle Wörter aus der Liste.

____

____

____

Phase III: Merk - Zettel

Wissenswertes

Süßwasser aus dem Meer gewonnen
Trinkwasser wird auf der Erde immer knapper. Vor allem in Gebieten mit wenig Niederschlag herrscht ein ständiger Wassermangel. Abhilfe kann man schaffen, indem man Meerwasser entsalzt.
Eine Methode, Salzwasser in Süßwasser zu verwandeln, ist seit dem 4. Jahrhundert v. Chr. bekannt: Wenn man Salzwasser kocht, steigt Wasserdampf auf, das Salz bleibt zurück und der Dampf kondensiert zu reinem Wasser.
Die einfachste Entsalzungsanlage ist ein Destillierapparat, in dem Wasser verdampft. Er besteht aus einer Glashaube über einem Becken mit Meerwasser. Das Wasser wird von der Sonne erhitzt, verdampft und kondensiert an der Glashaube. Das salzfreie Kondensat sammelt sich in einer Rinne am Rand der Haube. Ein solcher Apparat hat eine Fläche von etwa 1 Quadratmeter und liefert täglich etwa 4,5 Liter Kondensat.
Eine andere Methode ist die vielstufige Entspannungsverdampfung: Dabei wird das Meerwasser zunächst in einem Druckbehälter über den normalen Siedepunkt hinaus erhitzt, ohne daß es kocht, und dann in eine Kammer mit niedrigerem Druck geleitet. Mit der Druckverringerung tritt eine Entspannung des Wassers ein. Es entsteht Wasserdampf, der nun aufsteigt und sich an Rohren niederschlägt, durch die kaltes Meerwasser fließt. Das verbleibende heiße Meerwasser wird in eine zweite Kammer mit abermals verringertem Druck geleitet. Dort verdampft dann wieder ein Teil.
Da die Betriebskosten sehr hoch sind, verwendet man entsalztes Wasser nur als Trinkwasser und zur Bewässerung beim Anbau hochwertiger landwirtschaftlicher Produkte.

4. Woche - 2. Übungstag

Planungsbogen für den Tag Datum: ____________

____

Vormittag: __________________________________

____

____

Nachmittag: _________________________________

____

____

Abend: _____________________________________

____

____

Mein besonderes Tagesziel: ____________________

____

____

____

Phase III:
Merk-Zettel - Fragen zum Vortag

Wissenswertes

* Welches Land ist der größte Hersteller von Treibstoff aus Pflanzen?

* Welche Pflanze wird bevorzugt zur Herstellung von Treibstoff aus Alkohol angebaut?

* Beschreiben Sie den Umwandlungsvorgang vom Zuckerrohr zum Treibstoff.

* Warum fahren heute immer noch mehr Autos mit Erdöl als mit Alkohol?

4. Woche - 2. Übungstag

Zum Tagesplan des Vortages

Haben Sie gestern Ihren Tagesplan eingehalten? Schreiben Sie hier bitte auf, was Sie gestern erledigt haben.

Vormittag:

Nachmittag:

Abend:

Mein besonderes Tagesziel war:

Knobelaufgaben

Spiel 24

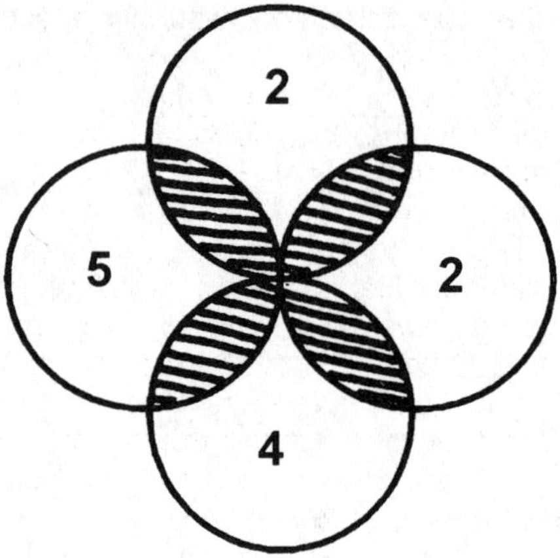

Eine Frage nur
Wieder einmal sitzt so ein armer Kerl im Gefängnis, in das ihn der grausame König werfen ließ. Das Gefängnis hat zwei Türen, von denen die eine in die Freiheit, die andere in den Tod führt. Selbstverständlich weiß der Gefangene nicht, welche Tür ihm die Freiheit bringen kann. Vor jeder Tür steht ein Wächter, von ihnen weiß man, daß der eine stets lügt, der andere immer die Wahrheit sagt. Der arme Gefangene darf an einen der Wächter eine einzige Frage stellen. Findet er mit der Antwort heraus, welche Tür in die Freiheit führt, darf er sie benutzen. Wie muß der Gefangene seine Frage formulieren, um sein Leben zu retten?

4. Woche - 2. Übungstag

Tip des Tages

Malen
Vielleicht halten Sie sich nicht gerade für einen begnadeten Künstler, aber malen kann doch jeder. Schauen Sie sich Kinder an, wie sie selbstvergessen ihre Phantasien und Gefühle in die Sprache der Bilder umsetzen. Es ist herrlich entspannend und macht Spaß.
Ein besonderer Tip, die visuelle Kreativität zu entwickeln, ist die Collage-Technik, die schon der bekannte französische Maler und Bildhauer Henri Matisse angewandt hat.
Er hatte die Angewohnheit, farbige Papierschnippsel so über ein weißes Blatt Papier zu verteilen, daß ein Zufallsmuster entstand. Nach längerem Betrachten und gelegentlichem Verschieben der Schnipsel fielen ihm meist verborgene Bilder auf, die er dann mit Klebstoff auf dem Untergrund festhielt.
Nur Mut!

Phase IV: Lösungen und Denk - Netz

Lösungen der Knobelaufgaben

Hier ist die Lösung:

Spiel 24

2 - 5 - 2 - 4
2 x **5** = 10
10 x **2** = 20
20 + **4** = 24

Eine Frage nur
Die Frage an einen der beiden Wächter müßte lauten: "Würde Ihr Kollege sagen, diese Türe führt in die Freiheit" Dabei müßte der Gefangene auf eine der Türen weisen. Angenommen, der Befragte wäre der Lügner und die bezeichnete Türe führte in die Freiheit, dann würde der Lügner mit "nein" antworten, der Wahrheitsliebende hätte "ja" gesagt. Nimmt man andererseits an, die Tür bedeute den Tod, wäre die Antwort auf die Frage nach der Auskunft seines Kollegen ein klares "nein" bei der Tür zur Freiheit, bei der Tür zum Tode "ja". Die Antwort "nein" weist also dem Gefangenen immer den Weg in die Freiheit. Er muß nur die Tür benutzen, auf die er gezeigt hat, als er die Antwort erhielt. Allerdings wird der Gefangene nie genau erfahren, welcher Wärter gelogen hat.

4. Woche - 2. Übungstag

Denk - Netz

Hier ist Platz für Ihr Denk-Netz zum "Wissenswerten“ aus dem Merk-Zettel von heute.

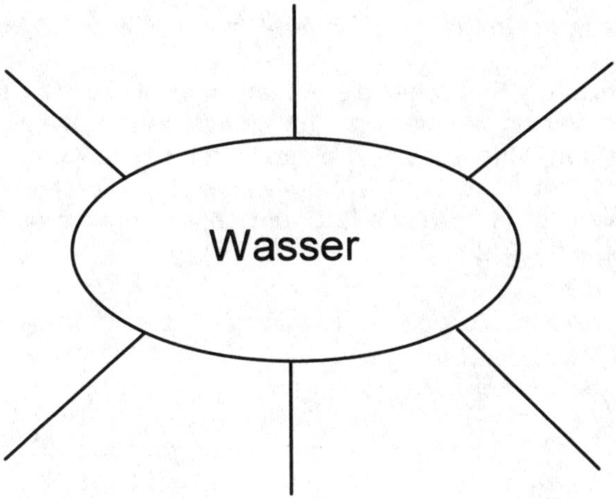

Kür-Phase V: Kopf-Kino

Führen Sie im Laufe des Tages Ihr Kopf-Kino-Programm durch, immer dann, wenn Sie Zeit und Lust dazu haben.

Phase I: Aufwärmübung

1. Teil: Atemtechnik

Denken Sie bitte an den Atem-Rhythmus:

6 Pulsschläge lang einatmen, 3 Pulsschläge lang die Luft anhalten, 6 ausatmen (dabei einen U-Ton erzeugen), 3 Pause und wieder langsam einatmen.

Wiederholen Sie diesen Atem-Rhythmus etwa 10 Mal.

Schließen Sie dabei die Augen, und stellen Sie sich das Bild einer langsamen, gleichmäßigen Bewegung vor: langsam anrollende und ausrollende, riesige Meereswellen; sich im leichten Wind wiegende Kornfelder; sich majestätisch bewegende Baumwipfel; langsam am Himmel ziehende Wolken.

4. Woche - 3. Übungstag

2. Teil: Gymnastische Übungen

Zehenspitzengang

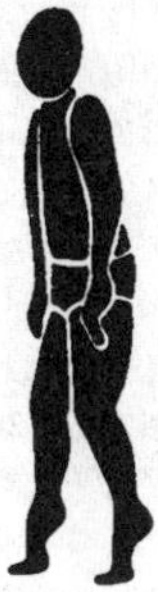

- Zur Kräftigung der Fuß- und Wadenmuskulatur, aber auch zur Verbesserung des Gleichgewichtsinns, stellen Sie sich bitte auf die Zehenspitzen und gehen Sie bewußt auf diesen im Zimmer auf und ab.
- Dann wechseln Sie um auf die Fußballen und gehen ebenfalls ein paar Runden durch das Zimmer.
- Probieren Sie auch mal eine Weile nur auf den Außen- bzw. Innenkanten der Füße zu laufen.

Isometrische Übungen

- Setzen sie sich auf eine Stuhlkante und stützen Sie sich mit den Händen nach hinten ab. Die Beine sind gestreckt oder leicht gebeugt.
- Nun drücken Sie die Fersen gegeneinander, während die Zehen in einem Winkel von etwa 45 Grad nach außen gedreht sind.

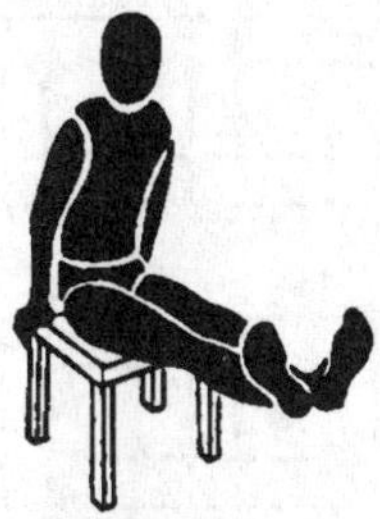

- Nun sollen noch die äußeren Beinmuskeln gestärkt werden. Sie können in der Sitzposition bleiben.
- Überkreuzen Sie Ihre Beine und drücken Sie das gekreuzte Bein gegen das gestreckte Bein. Der Druck geht dabei hauptsächlich von den Füßen aus. Nicht vergessen, die Beine zu wechseln.
- Jede Übung führen Sie jeweils 3 Mal 6 Sekunden lang aus.

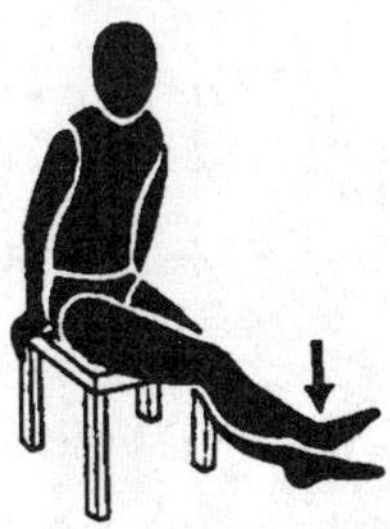

Phase II: Basistraining

1. Teil: Informationsaufnahme

Logische Reihen

Hier werden drei Bildsituationen vorgestellt, die sich nach erkennbarem logischem Schema von Bild zu Bild verändern. Versuchen Sie bitte, diese Gesetzmäßigkeit zu erkennen und das vierte Bild als logische Ergänzung der drei vorhergehenden zu finden.

1.

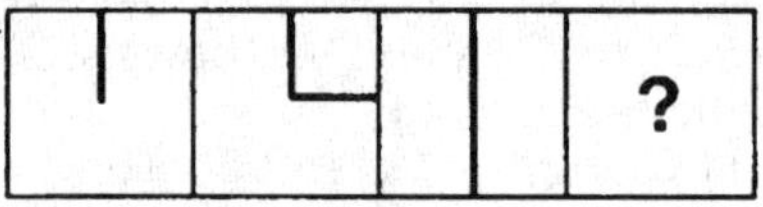

2.

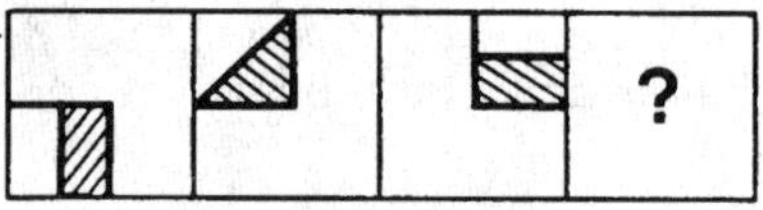

3.

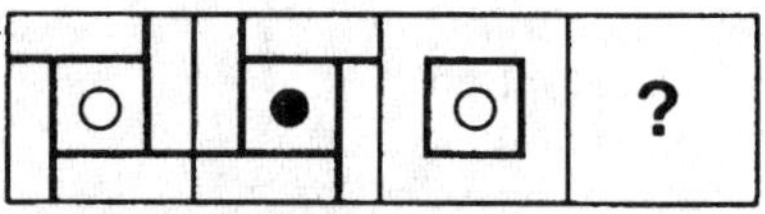

4.

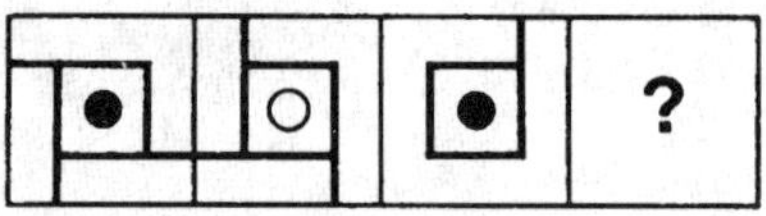

5.

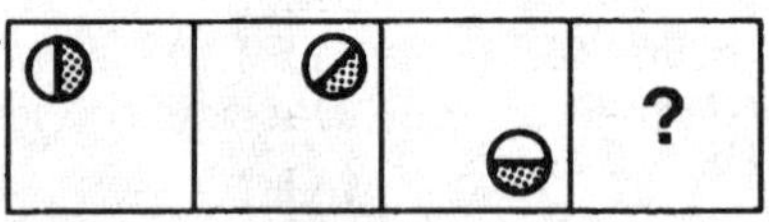

1. Wie heißt die nächste Zahl?

1 - 2 - 3 - 5 - 7 - 11 - ___

4. Woche - 3. Übungstag

2. Teil: Informationsspeicherung

Schwarz-Weiß-Malerei
Versuchen Sie bitte, sich die Figuren genau einzuprägen. Danach blättern Sie um.

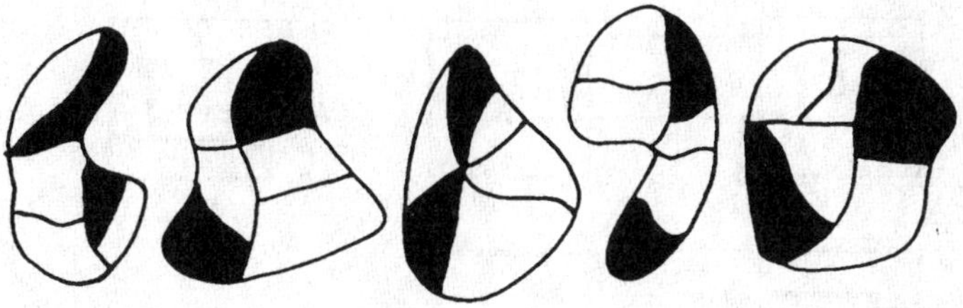

Tatsachen und Namen verknüpfen
Lesen Sie sich bitte den Text aufmerksam durch und blättern Sie dann um.

Gabi geht noch zur Schule. Betty ist ihre beste Freundin. Herr Schubert, der Nachbar, liebt seinen Rosengarten. Leo, der Kater von Marc, jagt Mäuse und wird von Frau Spitz mit Milch versorgt. Auch die Spatzen auf den Dächern mögen die Milch.

Phase II: Lösungen und Fortsetzung

Lösungen

Logische Reihen
Wenn Ihr Ergebnis wie folgt aussieht, funktioniert Ihr logisches Denken bestens.

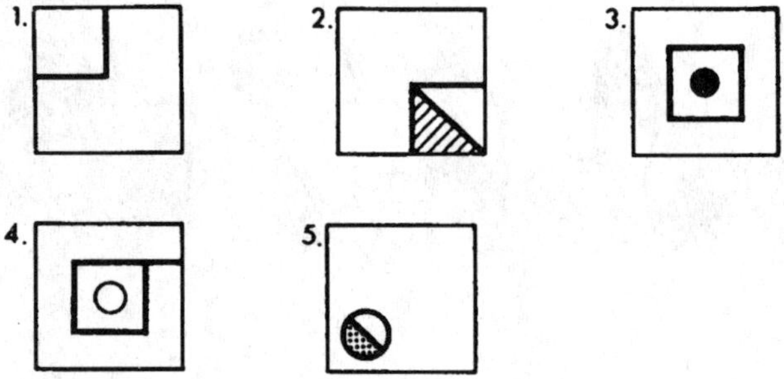

1. Wie heißt die nächste Zahl?
In dieser Reihe sind nur Primzahlen. Diese sind nur durch 1 oder durch sich selbst teilbar.

Die nächste Zahl ist also 13.

4. Woche - 3. Übungstag

Fortsetzung

Schwarz-Weiß-Malerei
Nun sind alle Figuren weiß. Malen Sie bitte die richtigen Felder wieder schwarz. Blättern Sie aber nicht zu früh zurück.

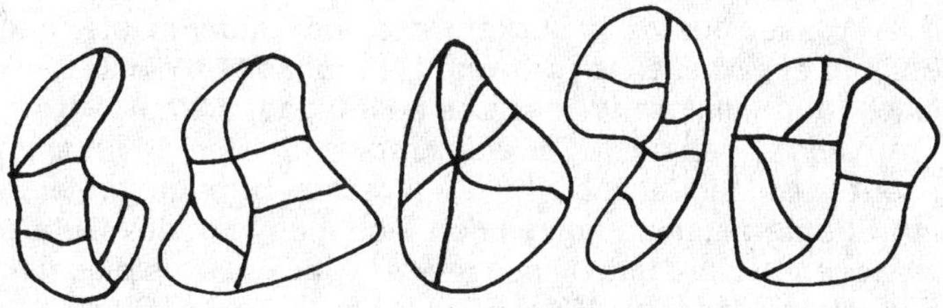

Tatsachen mit Namen verknüpfen
Versuchen Sie, folgende Wörter einander zuzuordnen.

Gabi	Leo	Milch	Nachbar
Rosen	Spatz	Schule	Marc
Freundin	Schubert	Dach	Mäuse

Phase III: Merk - Zettel

Wissenswertes

Energiegewinnung durch Ebbe und Flut

Schon seit Jahrhunderten nutzt der Mensch die Gezeiten, um Energie zu gewinnen. So kannte man bereits im 18. Jh. an den europäischen Küsten Gezeitenmühlen: Bei steigender Flut lief das Wasser durch offene Schleusen in ein Becken. Während des Hochwassers wurden die Schleusen geschlossen, und erst wenn die Ebbe einsetzte, ließ man das Wasser aus dem Becken ablaufen; dabei leitete man es über ein Wasserrad, das nun als Kraftantrieb diente.

Nach dem gleichen Prinzip arbeitet das erste, 1966 in Frankreich gebaute Gezeitenkraftwerk. Ein Staudamm sperrt die Mündungsbucht. 24 Wasser-Turbogeneratoren zur Stromerzeugung nutzen den Tidenhub, d.h. das Gefälle zwischen Hoch- und Niedrigwasser, aus. Bei steigender Flut staut sich das Wasser auf der äußeren Seite des Damms. Steht es dort etwa 1,5 Meter höher als auf der Innenseite, leitet man es durch die Turbinen, wobei Strom erzeugt wird. Bei rückströmendem Wasser werden die Turbinenlaufschaufeln entgegengesetzt gedreht, so daß das ablaufende Wasser wiederum die Turbinen antreiben kann. Auf diese Weise erzeugen die Maschinen erneut Strom.

Die Stromausbeute ist vom Tidenhub abhängig: je größer das Gefälle zwischen Ebbe und Flut, desto größer die erzeugte Strommenge.

Die durchschnittliche Leistung eines Kraftwerks in Frankreich reicht, um eine mittelgroße Stadt mit Strom zu versorgen. Trotzdem werden nur wenige Gezeitenkraftwerke gebaut: Die gewaltigen Baukosten für Dämme und der Mangel an wirklich geeigneten Standorten haben viele Meeresanrainer entmutigt. Eine Ausnahme ist Kanada.

4. Woche - 3. Übungstag

Planungsbogen für den Tag **Datum:**

Vormittag:

Nachmittag:

Abend:

Mein besonderes Tagesziel:

Phase III:

Merk-Zettel - Fragen zum Vortag

Wissenswertes

* Beschreiben Sie eine altbekannte Methode, Salzwasser in Süßwasser zu verwandeln!

* Was versteht man unter Entspannungsverdampfung?

* Wieviele Entsalzungsanlagen sind schätzungsweise in Betrieb?

* Warum kann die Meerwasserentsalzung nicht allgemein das Problem der Trinkwasserversorgung entschärfen?

4. Woche - 3. Übungstag

Zum Tagesplan des Vortages

Haben Sie gestern Ihren Tagesplan eingehalten? Schreiben Sie hier bitte auf, was Sie gestern erledigt haben.

Vormittag:

Nachmittag:

Abend:

Mein besonderes Tagesziel war:

Knobelaufgaben

Spiel 24

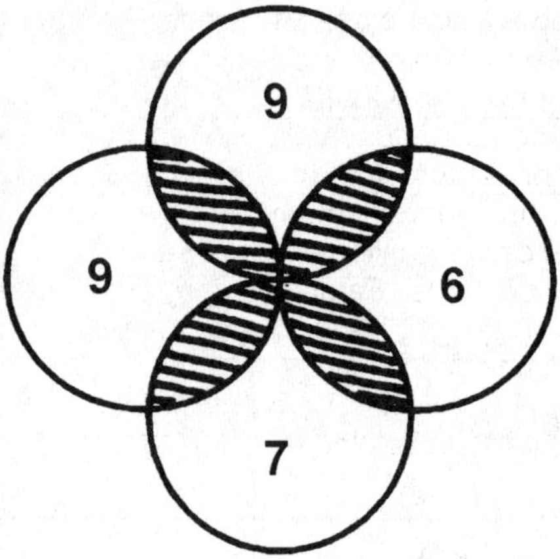

Wieviel Kühe?

Zwei Hirten unterhalten sich. Der eine sagt: "Du hast die größte Weidefläche, nimm eine meiner Kühe, dann hütest du doppelt so viel wie ich." Der andere sagt: “Wenn ich dir aber eine von meinen Kühen gebe, dann haben wir beide gleich viele." Wie viele Kühe hütet jeder der beiden Hirten?

4. Woche - 3. Übungstag

Tip des Tages

Ein Besuch im Zoo
Wann waren Sie das letzte Mal im Zoo? Es geht ja nicht nur darum, neue Tiere kennenzulernen. Es macht auch Spaß, sich einfach mal eine Zeitlang vor ein bestimmtes Gehege zu stellen und zu beobachten. Sie werden staunen, was es alles zu beobachten gibt. Im Frühjahr und Sommer, wenn viele Tiere ihre Jungen haben, gibt es besonders schöne Szenen aus dem Familienleben zu sehen.
Aber nicht nur das Familienleben der Tiere kann man im Zoo gut studieren. Es lohnt sich immer, auch einen Blick auf die Besucher zu werfen.
Wenn Sie Freunde oder Bekannte finden, die mitkommen, gibt es bestimmt viel zu lachen.

Viel Spaß!

Phase IV: Lösungen und Denk - Netz

Lösungen der Knobelaufgaben

Hier ist die Lösung:

Spiel 24

9 - 9 - 6 - 7
9 - **7** = 2
2 x **9** = 18
18 + **6** = 24

Wieviel Kühe?
Der erste Hirte hütet 5, der zweite 7 Kühe. Der Unterschied zwischen den beiden Herden besteht nur aus zwei Kühen. Wenn aber der erste Hirte dem zweiten eine Kuh gibt, dann muß der Unterschied doppelt so groß sein, nämlich 4 Kühe. Nach dem 1. Vorschlag wären es 4 und 8 Kühe, nach dem 2. Vorschlag 6 und 6 Kühe.

4. Woche - 3. Übungstag

Denk - Netz

Hier ist Platz für Ihr Denk-Netz zum "Wissenswerten" aus dem Merk-Zettel von heute.

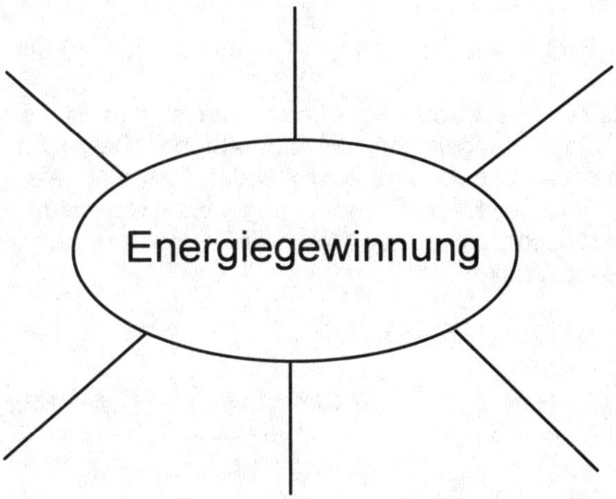

Kür-Phase V: Kopf-Kino

Führen Sie im Laufe des Tages Ihr Kopf-Kino-Programm durch, immer dann, wenn Sie Zeit und Lust dazu haben.

Phase I: Aufwärmübung

1. Teil: Atemtechnik

Denken Sie bitte an den Atem-Rhythmus:

6 Pulsschläge lang einatmen, 3 Pulsschläge lang die Luft anhalten, 6 ausatmen (dabei einen U-Ton erzeugen), 3 Pause und wieder langsam einatmen.

Wiederholen Sie diesen Atem-Rhythmus etwa 10 Mal.

Schließen Sie dabei die Augen, und stellen Sie sich das Bild einer langsamen, gleichmäßigen Bewegung vor: langsam anrollende und ausrollende, riesige Meereswellen; sich im leichten Wind wiegende Kornfelder; sich majestätisch bewegende Baumwipfel; langsam am Himmel ziehende Wolken.

4. Woche - 4. Übungstag

2. Teil: Gymnastische Übungen

Achterkreisen

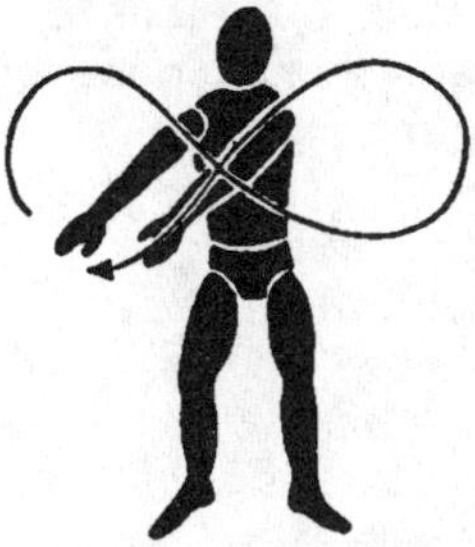

Stellen Sie sich wieder locker hin, die Füße schulterbreit auseinander. Die Übungen für den Arm- und Schulterbereich sollen die Beweglichkeit fördern und gleichzeitig Ihren Kreislauf in Schwung bringen. Nehmen Sie Ihre Arme waagerecht nach vorne. Beschreiben Sie nun mit beiden Armen gleichzeitig die Kreisformen einer liegenden Acht in der Luft, ohne dabei den Rumpf mitzubewegen.
Wenn Sie 10 dieser Achten in die Luft gemalt haben, wechseln Sie die Richtung.

Isometrische Übungen

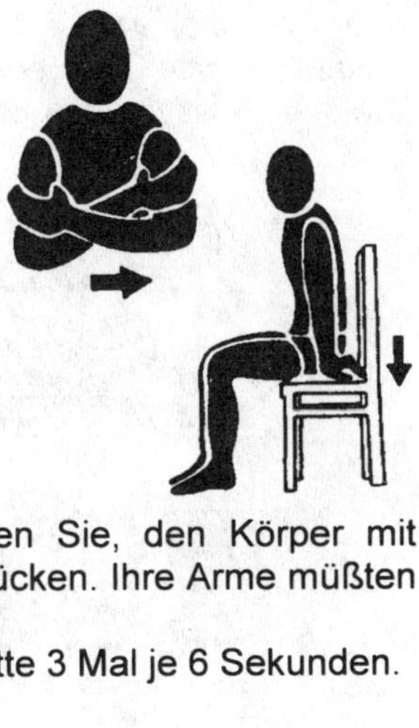

Zur Kräftigung der Arme, verschränken Sie diese vor der Brust und ziehen den rechten Oberarm mit der linken Hand. Dabei den rechten Arm anspannen und nicht nachgeben. Auch hier sorgt der Seitenwechsel für eine gleichmäßige Kräftigung.
Dann setzen Sie sich aufrecht hin und stützen sich mit den Händen auf dem Sitz ab. Die Finger zeigen nach hinten. Halten Sie, die Arme gestreckt und versuchen Sie, den Körper mit seinem Gewicht auf den Sitz zu drücken. Ihre Arme müßten jetzt angespannt sein.
Beide Übungen wiederholen Sie bitte 3 Mal je 6 Sekunden.

Phase II: Basistraining

1. Teil: Informationsaufnahme

Ausreißer gesucht
In den folgenden Reihen steckt jeweils ein Ausreißer. Ein Wort also, das nicht zu den anderen paßt. Ihre Aufgabe ist es, dieses Wort herauszufinden und zu unterstreichen.

1) rund - eckig - oval - quadratisch - hoch - dreieckig
2) Nase - Hand - Augen - Ohren - Augenbrauen - Lippen
3) bauen - schaufeln - krank - leiden - bieten
4) Haus - Maus - Hang - hocken - Wiese - Baum
5) Laus - raus - Haus - Maus - Kauf
6) kalt - heiß - lau - warm - glühend - schwitzen
7) Anja - Britta - Laura - Lena - Gabriele - Anna
8) Füller - Lineal - Kugelschreiber - Bleistift - Kreide
9) oben - unten - links - rechts - lenken - vorn

Die Lokomotive
Alte Dampflokomotiven sind doch viel schöner. Die fünf Teilausschnitte gehören zu verschiedenen Lokomotiven. Welcher Ausschnitt gehört zu dieser?

A B C D E

4. Woche - 4. Übungstag

2. Teil: Informationsspeicherung

Kunstgeschichte
In der Vergangenheit gab es sehr unterschiedliche Kunstrichtungen. Kennen Sie einige? Versuchen Sie sich bitte, diese wichtigsten Kunstepochen und die zugehörigen Zeiten einzuprägen:

Romanische Kunst	950 - 1250
Gotik	12. - 15. Jahrhundert
Renaissance	15. - 16. Jahrhundert
Barock	17. - 18. Jahrhundert
Rokoko	1732 - 1780
Romantik	1760 - 1830

Blättern Sie jetzt bitte um.

Auto-Kennzeichen
Versuchen Sie bitte, sich die folgenden Auto-Kennzeichen zu merken:

MR - E 638 WAF - R 911 DN - GH 476

Phase II: Lösungen und Fortsetzung

Lösungen

Ausreißer gesucht

Haben Sie auch herausgefunden, warum die Ausreißer nicht zu den Wörtern in der Reihe passen?

1) hoch (keine Form)
2) Hand (kein Teil des Gesichts)
3) krank (Adjektiv/Eigenschaftswort)
4) hocken (Verb/Zeitwort/Tätigkeitswort)
5) Kauf (reimt sich nicht auf die anderen Wörter)
6) schwitzen (Verb/Zeitwort/Tätigkeitswort)
7) Gabriele (alle anderen Vornamen enden auf a)
8) Lineal (kein Schreibgerät)
9) lenken (Verb/Zeitwort/Tätigkeitswort)

Die Lokomotive

Der Ausschnitt D gehört zu diesem Dampfroß und ist schwarz eingezeichnet.

4. Woche - 4. Übungstag

Fortsetzung

Kunstgeschichte

Wissen Sie jetzt noch die Zeiten der Kunstepochen auswendig?
Schreiben Sie bitte hinter jede Kunstrichtung das Jahrhundert oder die genauere Jahreszahl.

Romanische Kunst ____________________

Gotik ____________________

Renaissance ____________________

Barock ____________________

Rokoko ____________________

Romantik ____________________

Auto-Kennzeichen

Erinnern Sie sich noch an die Auto-Kennzeichen? Schreiben Sie diese bitte auf. Zur Kontrolle blättern Sie einfach zur vorherigen Seite zurück.

__________ __________ __________

Phase III: Merk - Zettel

Wissenswertes

Erdwärme als Energie

Durch den ständigen Zerfall radioaktiver Elemente im Erdinneren wird Energie freigesetzt, die den flüssigen Kern der Erde bis auf 40000 °C erhitzt. Je tiefer man also in die Erde eindringt, desto wärmer wird es. Die Temperatur steigt alle 100 m um etwa 3 °C. In Bergwerken ist dies deutlich zu spüren.
An manchen Stellen befindet sich heißes Gestein aber auch nahe der Erdoberfläche. Dort können heiße Quellen, Geysire oder Dampf austreten, deren Wärme sich nutzen läßt.
Das erste Erdwärme-Kraftwerk wurde 1904 in Larderello in Norditalien gebaut. Der dort austretende 140-260 °C heiße Dampf treibt Turbogeneratoren an. Ähnliche Kraftwerke gibt es auch in Neuseeland, Kalifornien, Mexiko und auf den Philippinen; sie alle nutzen Erdwärme, die ohne menschliches Zutun an die Erdoberfläche tritt. Meistens aber muß man die Stellen, wo man Erdwärme vermutet, künstlich anbohren.
Oft stößt man in der Tiefe jedoch nicht auf Wasser, sondern nur auf trockenes heißes Gestein. Aber auch diese Wärme kann man nutzen.
Die Nutzung der Erdwärme bringt aber auch Probleme mit sich: Die im heißen Wasser gelösten Anteile von Kalk und Kieselsäure schädigen Rohre und Turbinen. Ferner haben Untersuchungen ergeben, daß nur ein Drittel des eingespeisten Wassers an die Oberfläche zurückkommt. Schließlich ist es ausschlaggebend, an der richtigen Stelle ausreichend tief zu bohren. Wenn man alle diese Schwierigkeiten beheben kann, scheinen in der Erde enorme Energiereserven vorhanden zu sein. So vermutet man z.B. im Granitstein von Cornwall so viel Energie, wie die gesamten britischen Kohlenvorräte liefern können.

4. Woche - 4. Übungstag

Planungsbogen für den Tag **Datum:**

Vormittag:

Nachmittag:

Abend:

Mein besonderes Tagesziel:

Phase III:

Merk-Zettel - Fragen zum Vortag

Wissenswertes

* Wie funktionieren Gezeitenmühlen?

* Wo und wann wurde das erste Gezeitenkraftwerk gebaut?

* Wie kann durch den Wechsel von Ebbe und Flut Strom erzeugt werden?

* Warum werden nur wenige Gezeitenkraftwerke gebaut?

4. Woche - 4. Übungstag

Zum Tagesplan des Vortages

Haben Sie gestern Ihren Tagesplan eingehalten? Schreiben Sie hier bitte auf, was Sie gestern erledigt haben.

Vormittag:

Nachmittag:

Abend:

Mein besonderes Tagesziel war:

Knobelaufgaben

Spiel 24

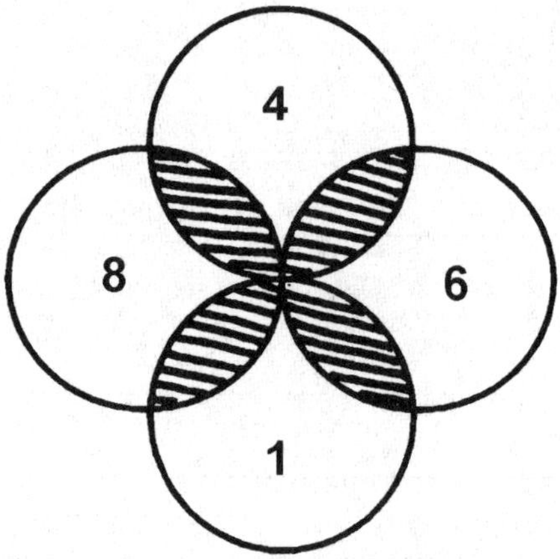

Fritz auf dem Bauernhof

Fritz ist zum ersten Mal in seinem Leben auf einem Bauernhof. Vom Bauern möchte er gerne wissen, wieviel Hühner und Kaninchen es dort gibt. Der Bauer antwortet ihm: "Insgesamt haben die Hühner und Kaninchen 38 Köpfe und 100 Beine".

Nach kurzer Überlegung wußte er, wieviel Hühner und Kaninchen auf dem Hof leben. Wissen Sie es auch?

4. Woche - 4. Übungstag

Tip des Tages

Geheimschrift
Geheimagent James Bond, Miss Marple und Mata Hari konnten alle eine Geheimschrift. Haben Sie nicht auch eine Verwendungsmöglichkeit für so eine Schrift?
Ihre Enkel oder Kinder aus der Nachbarschaft hätten bestimmt einen riesigen Spaß, von Ihnen einen Brief in Geheimschrift zu bekommen. Entwickeln Sie doch Ihre eigene, persönliche Geheimschrift. Eine Möglichkeit wäre es, Zahlen und Buchstaben zu kombinieren. Aber der Phantasie sind dabei natürlich keine Grenzen gesetzt.

Keine Lern-Strategie

aber trotzdem eine nette Geschichte

Das Tausendfüßlerproblem
Eine Ameise und ein Tausendfüßler trafen sich auf einem Spaziergang und unterhielten sich über Allerlei. Da fragte die Ameise beiläufig: "Wie läufst du eigentlich? Setzt du zuerst das erste Bein rechts und dann das erste Bein links, oder wie gehst du?" Der Tausendfüßler mußte zugeben, daß er sich noch nie Gedanken über dieses Problem gemacht hatte. Als sich nun der Tausendfüßler zum Gehen wandte, merkte er, daß er nicht mehr in der Lage war, unbefangen zu laufen. Ständig verhedderte er sich mit seinen vielen Füßen.
Beim Lösen von Denkaufgaben kann es einem leicht so ergehen wie dem Tausendfüßler. Was eben noch klar und logisch erschien, wird plötzlich verwirrend und kompliziert. Daran ist eigentlich immer nur die Verpackung eines Problems schuld. Ruhig und kühl betrachtet ist alles ganz einfach.

Phase IV: Lösungen und Denk - Netz

Lösungen der Knobelaufgaben

Hier ist die Lösung:

Spiel 24

4 - 8 - 6 - 1
8 - **4** = 4
4 x **6** = 24
24 x **1** = 24

Fritz auf dem Bauernhof
Es gab dort 26 Hühner und 12 Kaninchen.

4. Woche - 4. Übungstag

Denk - Netz

Hier ist Platz für Ihr Denk-Netz zum "Wissenswerten" aus dem Merk-Zettel von heute.

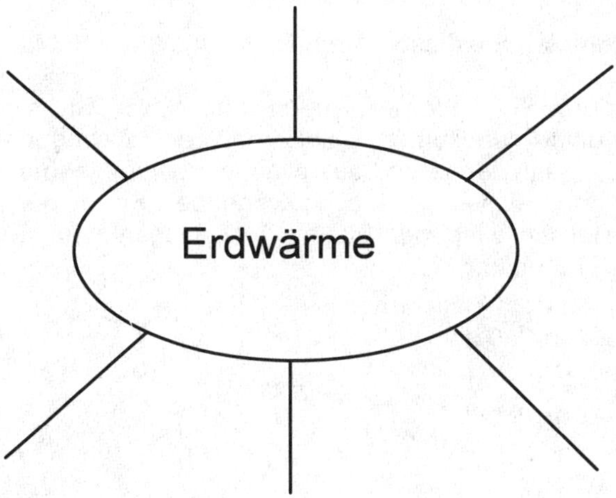

Kür-Phase V: Kopf-Kino

Führen Sie im Laufe des Tages Ihr Kopf-Kino-Programm durch, immer dann, wenn Sie Zeit und Lust dazu haben.

Phase I: Aufwärmübung

1. Teil: Atemtechnik

Denken Sie bitte an den Atem-Rhythmus:

6 Pulsschläge lang einatmen, 3 Pulsschläge lang die Luft anhalten, 6 ausatmen (dabei einen U-Ton erzeugen), 3 Pause und wieder langsam einatmen.

Wiederholen Sie diesen Atem-Rhythmus etwa 10 Mal.

Schließen Sie dabei die Augen, und stellen Sie sich das Bild einer langsamen, gleichmäßigen Bewegung vor: langsam anrollende und ausrollende, riesige Meereswellen; sich im leichten Wind bewegende Kornfelder; sich majestätisch wiegende Baumwipfel; langsam am Himmel ziehende Wolken.

4. Woche - 5. Übungstag

2. Teil: Gymnastische Übungen

Hulla-Hopp

Versetzen Sie sich zurück in Ihre Kindheit oder schalten Sie das Radio an; mit munteren Klängen ist diese Übung kinderleicht und macht Spaß.

- Dieses Mal stellen Sie sich bitte mit geschlossenen Füssen hin.
- Verschränken Sie Ihre Arme hinter dem Kopf und lassen Sie nun Ihre Hüfte kreisen, ganz so als müßten Sie einen Reifen darauf balancieren.
- Die Musik gibt Ihnen den Rhythmus für 15 Schwünge in die rechte und 15 in die linke Richtung.

Isometrische Übung

- Legen Sie sich auf den Rücken, die Beine angewinkelt aufgestellt. Die Hände liegen neben dem Körper.
- Zunächst ziehen Sie die Zehenspitzen Richtung Schienbein, während die Fersen in den Boden drücken.
- Spannen Sie die Bauchmuskulatur an und heben Sie Ihren Po in die Höhe bis er eine Linie mit Oberkörper und Oberschenkel bildet.
- Halten Sie diese Stellung 6 Sekunden lang und wiederholen Sie 3 Mal.

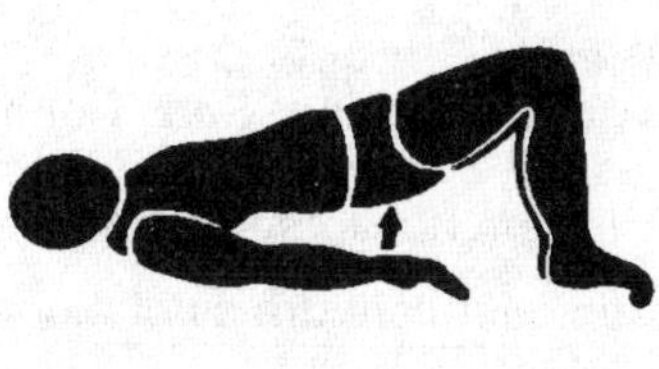

Phase II: Basistraining

1. Teil: Informationsaufnahme

Welcher Teil gehört zu wem?
Die Teile der Kreise sind ganz schön durcheinander geraten. Schaffen Sie es, Ordnung in das Chaos zu bringen? Welche Kreisteile der unteren Hälfte (1 - 10) gehören zu welchen Kreisteilen der oberen Hälfte (A - K)?

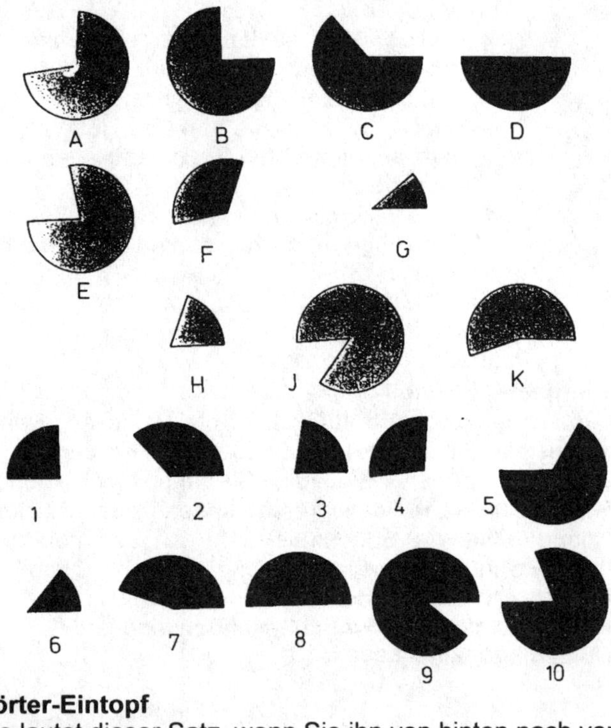

Wörter-Eintopf
Wie lautet dieser Satz, wenn Sie ihn von hinten nach vorne lesen? Zuvor müssen Sie aber noch die Buchstaben in den Wörtern richtig sortieren.

"lenigef fulete dre sirfst tno red in"

4. Woche - 5. Übungstag

2. Teil: Informationsspeicherung

Gedicht
Wie wär's mal wieder mit einem Gedicht? Hier hat sich Wilhelm Busch 1874 Gedanken zum Thema Selbstkritik gemacht.

Versuchen Sie, sich diese Zeilen zu merken. Die Lern-Tips können Ihnen eine wichtige Hilfe dabei sein.

Selbstkritik

Die Selbstkritik hat viel für sich.
Gesetzt den Fall, ich tadle mich:
so hab' ich erstens den Gewinn,
daß ich so hübsch bescheiden bin;
zum zweiten denken sich die Leut,
der Mann ist lauter Redlichkeit;

auch schnapp' ich drittens diesen Bissen
vorweg den anderen Kritikküssen;
und viertens hoff' ich außerdem
auf Widerspruch, der mir genehm.
So kommt es denn zuletzt heraus,
daß ich ein ganz famoses Haus.

Phase II: Lösungen und Fortsetzung

Lösungen

Welcher Teil gehört zu wem?
Beim Ordnen der Kreisteile haben Sie sicher auch herausbekommen, daß folgende Teile zueinander gehören:

A4, B1, C2, D8, E3, F5, G9, H10, J6, K7

Wörter-Eintopf

"In der Not frisst der Teufel Fliegen"

Das war wohl nicht so einfach, oder?

4. Woche - 5. Übungstag

Fortsetzung

Gedicht
Kennen Sie das Gedicht nun auswendig?
Dann füllen Sie bitte die Lücken, die in diesem Text vorhanden sind.

Selbstkritik

Die Selbstkritik ____________________________
Gesetzt den Fall, ich tadle mich:
so hab' ___________________________________
daß ich so hübsch bescheiden bin;
____
der Mann ist lauter Redlichkeit;

auch __________________________ diesen Bissen
vorweg den anderen ______________________;
und viertens hoff' ich außerdem
auf Widerspruch, ___________________________.
So kommt es denn zuletzt heraus,
daß ____________________________________.

Phase III: Merk - Zettel

Wissenswertes

Kunststoff - ein universelles Material

Würde man alles aus dem Haus räumen, was Kunststoff enthält, was bliebe übrig? Viele Küchen wären so gut wie leer. Die meisten Bodenbeläge und Teppiche verschwänden, ebenso viele Kleidungsstücke. Mit Sicherheit gäbe es kein Telefon mehr, keine Hi-Fi-Anlage und auch kein Fernsehen.

Der Begriff Kunststoff umfaßt einen großen Bereich vom Menschen hergestellter Stoffe, die alle aus zwei Grundelementen bestehen: Kohlenstoff und Wasserstoff. Durch Hinzufügen weiterer Elemente erhalten die Kunststoffe spezielle Eigenschaften, z.B. besondere Festigkeit, Hitzebeständigkeit, Gleitfähigkeit oder Biegsamkeit.

Kunststoffe lassen sich in fast beliebiger Zahl entwickeln, indem man verschiedene chemische Verbindungen kombiniert.

Kunststoffe bestehen aus großen Teilen, die sich wiederum aus kleineren Teilen zusammensetzen. Dabei verketten und vernetzen sich die einzelnen Teile und verleihen so dem Kunststoff seine Festigkeit.

Die Verkettung der Stoffe heißt Polymerisation. Sie verläuft bei jedem Kunststoff anders; sie wird vor allem von Licht, Wärme, Druck und chemischen Stoffen beeinflußt.

Die Kohlenstoff- und Wasserstoffatome, die Grundelemente aller Kunststoffe, kommen in der Regel vom Erdöl.

Polyvinylchlorid (PVC) ist chemisch mit einem Chloratom versehen. Dies macht PVC schwer entflammbar und damit sicherer beim Gebrauch im Haushalt. Das Chlor im PVC ist aber verantwortlich für die Umweltschäden, die durch den Abfall oder die Herstellung entstehen können.

4. Woche - 5. Übungstag

Planungsbogen für den Tag **Datum:** ____________

Vormittag: ______________________________

____

____

Nachmittag: ______________________________

____

____

Abend: ______________________________

____

____

Mein besonderes Tagesziel: ______________________________

____

____

____

Phase III:

Merk-Zettel - Fragen zum Vortag

Wissenswertes

* Wie kommt es zur Erhitzung des Erdinneren?

* Nennen Sie Phänomene, die Erdwärme an die Erdoberfläche bringen!

* Welche Probleme sind mit der Nutzung der Erdwärme verbunden?

4. Woche - 5. Übungstag

Zum Tagesplan des Vortages

Haben Sie gestern Ihren Tagesplan eingehalten? Schreiben Sie hier bitte auf, was Sie gestern erledigt haben.

Vormittag:________________________________

Nachmittag:________________________________

Abend:________________________________

Mein besonderes Tagesziel war:________________

Knobelaufgaben

Spiel 24

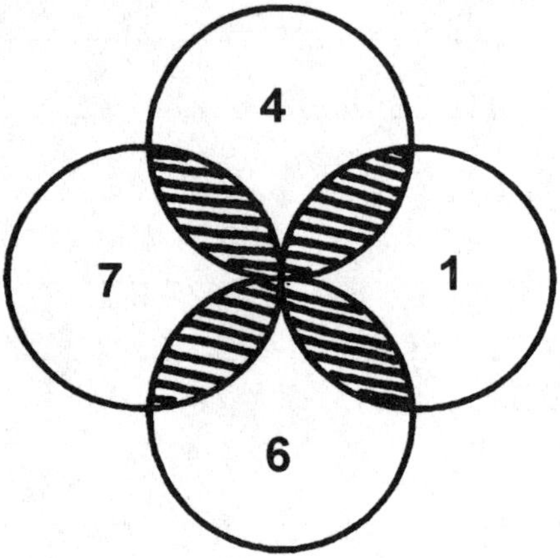

Der Literaturfreund

Der angeblich so literaturbeflissene Freund hat sich den neuesten Roman des Erfolgsautors ausgeliehen und schwärmt beim nächsten Besuch von einem spannenden Buch. Der Eigentümer, der seinen Freund kennt, fragt argwöhnisch, auf welcher Seite er denn inzwischen angelangt sei. "Zwischen Seite 253 und 254 liegt mein Lesezeichen!" berichtet der Freund stolz. Jeder der Anwesenden weiß nun, daß er wohl noch nicht über die erste Seite hinausgekommen ist.

4. Woche - 5. Übungstag

Tip des Tages

Gehirn-Jogging Gruppe
Bekanntlich gibt es viele Dinge, die zu mehreren Leuten noch mehr Spaß machen. Warum nicht auch Gehirn-Jogging?
Wenn Ihre Bekannten Sie um Ihre geistige Fitneß beneiden, erklären Sie Ihnen das Gehirn-Jogging und machen Sie einige Übungen gemeinsam. Aus vielen hier vorgestellten Übungen lassen sich mit etwas Phantasie gut Spiele gestalten, die man in einer Gruppe spielen kann.
Vielleicht kennen Sie aber auch schon Leute, die Gehirn-Jogging gemacht haben und weiterhin Spaß daran haben.
Mit der Übung, die Sie durch dieses Buch haben, ist es auch nicht schwer, selber Denkaufgaben und Rätsel zu entwickeln.

Phase IV: Lösungen und Denk - Netz

Lösungen der Knobelaufgaben

Hier ist die Lösung:

Spiel 24

4 - 7 - 1 - 6
7 + **1** = 8
8 - **4** = 4
4 x **6** = 24

Der Literaturfreund
Sicher haben Sie es auch schon gemerkt. Das Lesezeichen kann nicht zwischen Seite 253 und 254 liegen, denn ungerade und gerade Seitenzahlen sind stets Vorder- und Rückseiten eines Blattes. Bei jedem aufgeschlagenen Buch steht die gerade Zahl links und die ungerade rechts.

4. Woche - 5. Übungstag

Denk - Netz

Hier ist Platz für Ihr Denk-Netz zum "Wissenswerten" aus dem Merk-Zettel von heute.

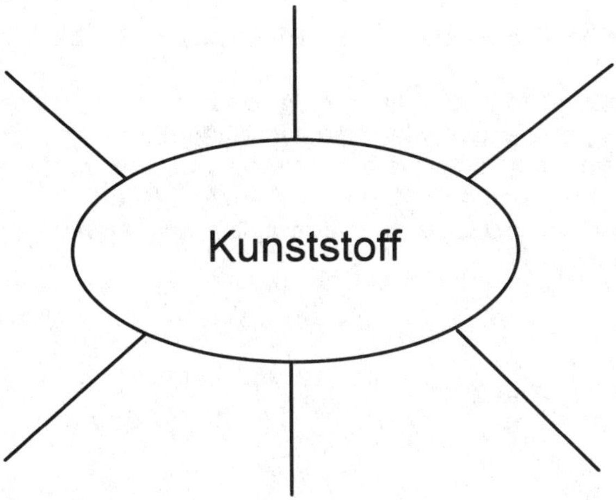

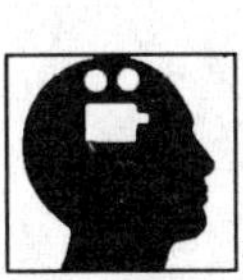

Kür-Phase V: Kopf-Kino

Führen Sie im Laufe des Tages Ihr Kopf-Kino-Programm durch, immer dann, wenn Sie Zeit und Lust dazu haben.

Phase I: Aufwärmübung

1. Teil: Atemtechnik

Denken Sie bitte an den Atem-Rhythmus:

6 Pulsschläge lang einatmen, 3 Pulsschläge lang die Luft anhalten, 6 ausatmen (dabei einen U-Ton erzeugen), 3 Pause und wieder langsam einatmen.

Wiederholen Sie diesen Atem-Rhythmus etwa 10 Mal.

Schließen Sie dabei die Augen, und stellen Sie sich das Bild einer langsamen, gleichmäßigen Bewegung vor: langsam anrollende und ausrollende, riesige Meereswellen; sich im leichten Wind wiegende Kornfelder; sich majestätisch bewegende Baumwipfel; langsam am Himmel ziehende Wolken.

2. Teil: Gymnastische Übungen

Handtuchhalter

Nehmen Sie sich ein normal großes Handtuch und umfassen Sie es fest an beiden Enden. Die Beine sind schulterbreit gegrätscht. Mit angewinkelten Armen halten Sie das Handtuch hinter dem Kopf. Nun ziehen Sie an den Handtuchenden und führen das Handtuch so weit wie möglich über den Kopf. Dort halten Sie und zählen dabei bis 5. Dann das Handtuch allmählich wieder hinter den Kopf führen.
Wiederholen Sie die Übung 5 Mal.
Fassen Sie das Handtuch fest gespannt hinter dem Kopf und neigen Sie den Oberkörper so weit wie möglich nach rechts. Verweilen Sie 5 Sekunden in dieser Position und neigen Sie Ihren Oberkörper anschließend nach links. Mit dieser Übung dehnen Sie Arme und Oberkörper.

Isometrische Übungen

Behalten Sie das Handtuch in der oben angegebenen Position. Die Arme sollten in 90-Grad Stellung angewinkelt sein. Ziehen Sie jetzt Ihre Schulterblätter zusammen und versuchen Sie das Handtuch mit aller Kraft auseinander zu ziehen. Halten Sie die Spannung 6 Sekunden und entspannen Sie dann völlig. 3 Mal sollten Sie die Übung wiederholen.

Phase II: Basistraining

1. Teil: Informationsaufnahme

Gedrehte Würfel

Bei dieser Aufgabe wird nicht nur Ihr Konzentrationsvermögen, sondern auch Ihr räumliches Vorstellungsvermögen gefordert.
Bei den jeweils zwei Figuren sollen Sie entscheiden, ob es sich um identische Figuren handelt, die nur aus verschiedenen Blickwinkeln gezeichnet wurden oder um Figuren, die sich auch durch Drehungen nicht in Übereinstimmung bringen lassen.

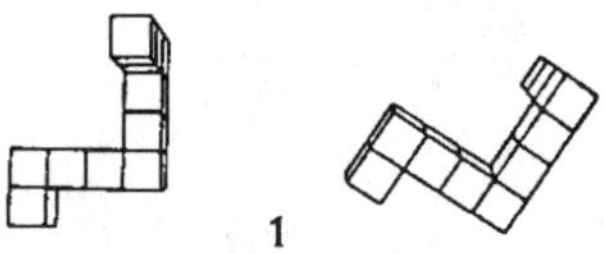
1

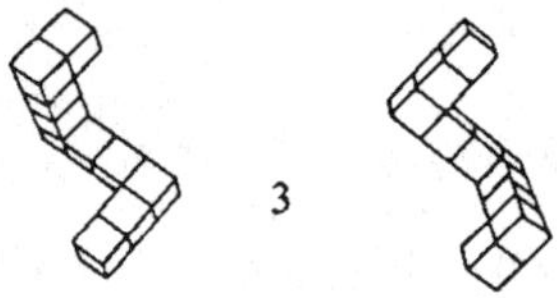
3

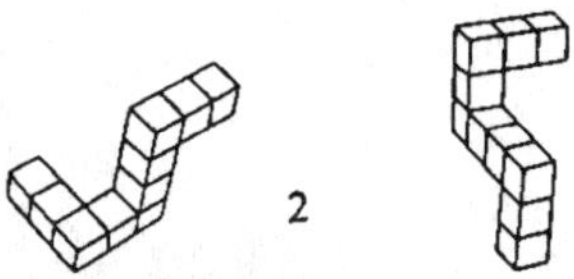
2

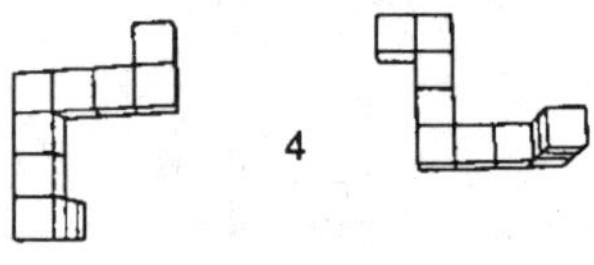
4

Obst und Gemüse

Versuchen Sie bitte, aus den folgenden Zeilen Obst und Gemüse herauszufinden.
GREAFITRENFAPFELKLREAOPFLAUMEGJFHREROTDF
GKDFDGJZTRJRETDRDFERBFDFGALSDDFWERIWFDJ
WSDFEDVBVVBADFERJFFBANANEDREIRTGDDFDBKN
MMBFGHJIKAROTTERGHUGDRSELPOKJICHICOREEJH
FFDS
Nun unterstreichen Sie bitte die Begriffe, die Sie finden konnten!

4. Woche - 6. Übungstag

2. Teil: Informationsspeicherung

Kreisverkehr
Hoffentlich vertragen Sie den Kreisverkehr. Sehen Sie sich bitte die Abbildung genau an und blättern Sie dann um.

Einkaufszettel
Versuchen Sie sich bitte folgenden Einkaufszettel einzuprägen. Die 20 Dinge nach Gruppen zu ordnen und zu assoziieren kann dabei hilfreich sein.

Wurst - Brot - Salat - Eier - Margarine - Gewürze - Äpfel - Zwiebel - Schokolade - Kuchen - Fleischsalat - Haferflocken - Zigaretten - Kartoffeln - Tabletten - Zwieback - Knöpfe - Nüsse - Gans - Fisch.

Phase II: Lösungen und Fortsetzung

Lösungen

Gedrehte Würfel
Wenn Sie bei den Aufgaben Nr. 2, 3 ein Ja und bei den Aufgaben Nr. 1, 4 ein Nein angekreuzt haben, dürfen Sie sich ein optimales räumlich-visuelles Vorstellungsvermögen bescheinigen.

Obst und Gemüse
Haben Sie Appetit bekommen beim Entdecken dieser frischen Köstlichkeiten?

APFEL; PFLAUME; BANANE; KAROTTE; CHICOREE

4. Woche - 6. Übungstag

Fortsetzung

Kreisverkehr

Sie erinnern sich noch an den Kreisverkehr? Dann versuchen Sie bitte, folgende Aussagen mit richtig oder falsch zu bewerten. Erst wenn Sie die Fragen beantwortet haben, blättern Sie zur Kontrolle zurück.

1. Die Fahrräder haben eine Handbremse.
2. Am Steuer der Autos sitzen Brillenträger.
3. Die Motorräder fahren mit Licht.
4. Die Autos haben vier Türen.
5. Die Fahrräder haben Klingeln.
6. Die Omnibusse sind voll besetzt.
7. Die Motorräder haben Gepäcktaschen.
8. Die Autos haben Schiebedächer.
9. Die Omnibusse sind bemalt.
10. Die Hinterräder der Fahrräder haben einen Platten.
11. Das Motorrad fährt unmittelbar zwischen Fahrrad und Auto.
12. Das Fahrrad fährt unmittelbar hinter dem Omnibus.

Einkaufszettel

Wissen Sie noch, was Sie einkaufen sollten?
Schreiben Sie hier möglichst viele der Dinge auf. Die Reihenfolge ist unwichtig. Zur Kontrolle blättern Sie dann zurück.

Phase III: Merk - Zettel

Wissenswertes

Trinkwasser für Großstädte
Über die Niagarafälle stürzen Tag für Tag mehr als 72 Millionen Kubikmeter Wasser in die Tiefe. Es würde 17 Tage dauern, bis dieser Strom die 21 größten Wasserreservoire der Stadt New York aufgefüllt hätte.
In Deutschland, Österreich und der Schweiz liegt der durchschnittliche Pro-Kopf-Verbrauch bei 70-100 Liter pro Tag.
Neben dem Trinkwasser wird Wasser für die Toiletten, zum Wäschewaschen und für die Körperpflege verbraucht.
Der immense Wasserbedarf großer Städte wird soweit wie möglich durch Oberflächengewässer - Flüsse und Seen - gedeckt.
Gegenüber dem Oberflächenwasser ist das Grundwasser zwar schwieriger zu fördern, aber hygienisch meist bereits einwandfrei. Anderes Wasser dagegen muß erst aufbereitet werden: Es läuft zunächst über Siebanlagen in große, offene Speicherbecken. Dort setzen sich Feststoffe ab, während das Wasser gleichzeitig aus der Luft Sauerstoff aufnimmt, der die Selbstreinigung fördert.
In einem weiteren Schritt wird das Wasser in zweistufigen Sandbetten gefiltert, die Schwebstoffe und Bakterien zurückhalten. Falls erforderlich, wird dem Wasser anschließend Eisen und Mangan entzogen. Ferner kann man es mit Chlor behandeln, um noch verbliebene Bakterien abzutöten und es weitgehend keimfrei zu machen. Im Anschluß daran entchlort man das Wasser wieder, um den Geschmack nach Chemie zu beseitigen. Erst jetzt kann das Wasser durch ober- oder unterirdische Leitungen gepumpt und an die Verbraucher verteilt werden.

4. Woche - 6. Übungstag

Planungsbogen für den Tag **Datum:** ____________________

Vormittag: ____________________

____

____

Nachmittag: ____________________

____

____

Abend: ____________________

____

____

Mein besonderes Tagesziel: ____________________

____

____

____

Phase III:
Merk-Zettel - Fragen zum Vortag

Wissenswertes

* Zählen Sie Haushaltsgeräte auf, die Kunststoff enthalten!

* Aus welchen zwei Grundelementen besteht Kunststoff?

* Was versteht man unter Polymerisation?

* Aus welchem Rohstoff werden Kunststoffe hergestellt?

* Was bedeutet die Abkürzung PVC?

4. Woche - 6. Übungstag

Zum Tagesplan des Vortages

Haben Sie gestern Ihren Tagesplan eingehalten?
Schreiben Sie hier bitte auf, was Sie gestern erledigt haben.

Vormittag:

Nachmittag:

Abend:

Mein besonderes Tagesziel war:

Knobelaufgaben

Spiel 24

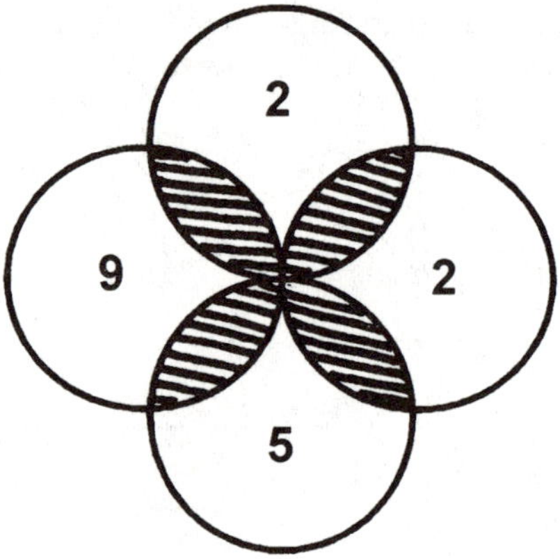

Streichholzknobelei

Aus 10 Streichhölzern sind diese 3 Vierecke zusammengelegt. Nehmen Sie 1 Hölzchen weg. Versuchen Sie bitte, die übrigen 9 so umzulegen, daß wieder drei Vierecke gebildet werden.

Ein Tip: Es handelt sich um Vierecke, nicht um Quadrate!

4. Woche - 6. Übungstag

Tip des Tages

Tieren helfen
Bestimmt mögen Sie Tiere. Vielleicht haben Sie ja sogar einen vierbeinigen oder gefiederten Liebling. Es gibt aber auch viele Tiere, die es nicht so gut haben. Sie kommen aus schlechten Verhältnissen: haben wenig zu essen bekommen, sind geschlagen worden oder einfach auf der Straße ausgesetzt.
Die meisten dieser Hunde und Katzen (und andere Tiere) landen im Tierheim. Dort werden sie nach besten Möglichkeiten versorgt, aber auch ein Tierheim stößt irgendwann an die Grenzen seiner Kapazität. Und genau hier können Sie mit wenig Aufwand helfen. Es ist schon sehr viel wert, wenn Sie altes Brot oder ausrangierte Decken oder Handtücher sammeln und im Tierheim in Ihrer Nähe abgeben.
Dort können Sie ja mal nachfragen, welche Hilfe noch benötigt wird. Vielleicht sind Sie handwerklich geschickt, oder haben Lust, ab und zu mit einem der Hunde spazieren zu gehen.

Phase IV: Lösungen und Denk - Netz

Lösungen zu den Knobelaufgaben

Hier ist die Lösung:

Spiel 24

2 - 9 - 2 - 5
9 + **5** = 14
14 - **2** = 12
12 x **2** = 24

Streichholzknobelei
So sieht die Figur aus 9 Streichhölzern aus.

4. Woche - 6. Übungstag

Denk - Netz

Hier ist Platz für Ihr Denk-Netz zum "Wissenswerten" aus dem Merk-Zettel von heute.

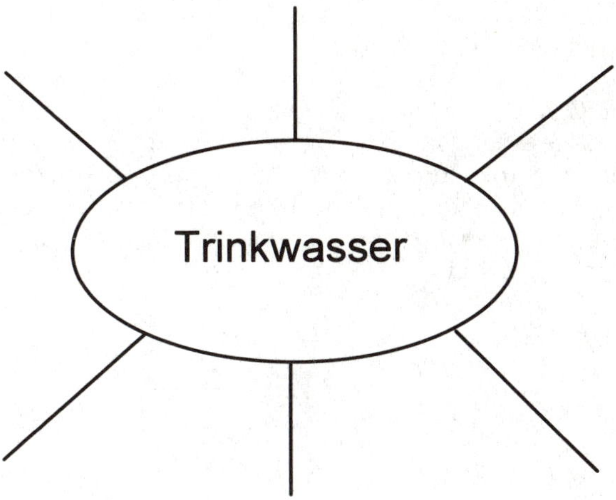

Kür-Phase V: Kopf-Kino

Führen Sie im Laufe des Tages Ihr Kopf-Kino-Programm durch, immer dann, wenn Sie Zeit und Lust dazu haben.

Phase I: Aufwärmübung

1. Teil: Atemtechnik

Denken Sie bitte an den Atem-Rhythmus:

6 Pulsschläge lang einatmen, 3 Pulsschläge lang die Luft anhalten, 6 ausatmen (dabei einen U-Ton erzeugen), 3 Pause und wieder langsam einatmen.

Wiederholen Sie diesen Atem-Rhythmus etwa 10 Mal.

Schließen Sie dabei die Augen, und stellen Sie sich das Bild einer langsamen, gleichmäßigen Bewegung vor: langsam anrollende und ausrollende, riesige Meereswellen; sich im leichten Wind wiegende Kornfelder; sich majestätisch bewegende Baumwipfel; langsam am Himmel ziehende Wolken.

4. Woche - 7 Übungstag

2. Teil: Gymnastische Übungen

Dehnung der Brust- und Schultermuskulatur

Zu dieser Übung, die Sie auch zur Entspannung zwischendurch öfters machen können, knien Sie sich hin und stützen sich mit gestreckten Armen auf dem Boden ab.
Nun strecken Sie Ihre Arme so weit wie möglich vor dem Körper aus, ohne sie zu überdehnen. Die Stirn sollten sie herabsenken und möglichst bis auf den Boden sinken lassen. In dieser Stellung verweilen Sie solange, wie Sie es angenehm empfinden.

Isometrische Übung

Haben Sie Lust, den Bizeps mal auf ganz ungewöhnliche Art und Weise zu kräftigen? Legen Sie sich unter einen stabilen Tisch, die Hüften befinden sich genau zwischen den Tischbeinen. Fassen Sie die Tischkante und ziehen Sie den Oberkörper langsam so

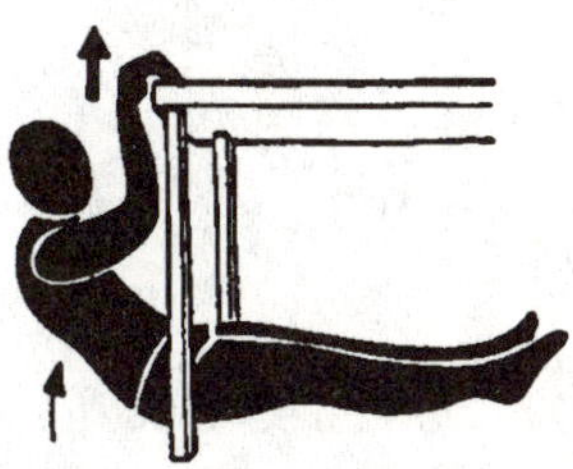

weit wie möglich nach oben, halten Sie dort 6 Sekunden die Stellung, dann senken Sie den Körper langsam wieder zum Boden. Dreimal sollten Sie die Übung wiederholen.

Phase II: Basistraining

1. Teil: Informationsaufnahme

Positiv und Negativ
Hier ist wieder Ihre Beobachtungsgabe gefordert. Finden Sie bitte zu diesem Positiv das dazugehörige Negativ heraus.

Rückwärts Lesen
Die Worte dieses Textes sind einfach rückwärts geschrieben. Versuchen Sie bitte, ihn trotzdem zu lesen.

NEKNEDNEZTAK
SE RAW LAMNIE NIE SEGNUJ NEHCZTÄK: DNAMEJ MHAN SE UZ MENIE REGIT TIM; RED LAMGIZFNÜF OS SSORG EIW SE RAW: SAD NEHCZTÄK ETGAS:"RENIE; RED OS SSORG THEISSUA; NNAK GINEW NERHAW TREW NEBAH: NNEW RE SAWTE NI HCIS ETTÄH; ETSSÜM RE THCHIN OS SSORG NIES."

4. Woche - 7. Übungstag

2. Teil: Informationsspeicherung

Wahllose Informationen
Prägen Sie sich die Bilder unten etwa fünf Sekunden lang ein.
Blättern Sie dann bitte um.

Telefonnummern
Wie wär's noch mal mit Telefonnummern? Auch wenn es nicht die Ihrer Freunde sind. Es geht ja darum, das Kurzzeitgedächtnis zu trainieren.
Versuchen Sie, sich bitte die folgenden zu merken.
Danach blättern Sie weiter.

984025 369147 381980

Phase II: Lösungen und Fortsetzung

Lösungen

Positiv und Negativ

Ein bißchen genauer haben Sie schon hinschauen müssen, oder?

Das richtige Negativ zum Positiv ist das Bild unten links.

Rückwärts lesen

Können Sie sich der Meinung des Kätzchens anschließen, oder ist es doch noch zu jung, um solche Dinge beurteilen zu können?

Katzendenken

Es war einmal ein junges Kätzchen. Jemand nahm es zu einem Tiger mit, der fünfzigmal so gross wie es war. Das Kätzchen sagte: "Einer, der so gross aussieht, kann wenig wahren Wert haben. Wenn er etwas in sich hätte, müßte er nicht so gross sein."

Fortsetzung

Wahllose Informationen
Schreiben Sie nun die Begriffe auf, die Sie behalten haben. Blättern Sie dann erst zur Kontrolle zurück.

Telefonnummern
Konnten Sie alle Telefonnummern behalten? Notieren Sie sie bitte hier. Zum Vergleich schauen Sie sich die vorherige Seite an.

Phase III:
Merk - Zettel

Wissenswertes

Das Bukett des Weins

Das Geheimnis eines guten Weins liegt in den Veränderungen, die stattfinden, während er in Fässern und Flaschen reift. Um einen vorzüglichen Wein herzustellen, ist es zunächst wichtig, die richtigen Traubensorten auf geeignetem Boden an sonnigen Hängen anzubauen.

Auch die Hefepilze auf den Traubenschalen, die den Saft zum Gären bringen, damit Alkohol entstehen kann, sind an der Bildung des jeweiligen Aromas mit beteiligt.

Doch richtig entfaltet sich der Geschmack erst in den folgenden Jahren. Weißwein braucht ein bis zwei Jahre bis zur Reife, wobei er heute in der Regel in großen Tanks aus rostfreiem Stahl lagert. Gute Rotweine lagern drei bis vier Jahre und reifen dann weiter in der Flasche, wobei die Zeit von der Weinsorte abhängt. Bei körperreichen Bordeaux-Weinen z.B. kann die sogenannte Ausbauzeit bis zu acht Jahren dauern. Die Entstehung des typischen Aromas wird durch den Sauerstoff unterstützt, der langsam durch das Holz in die Fässer eindringt.

Ein Wein enthält verschiedene Säuren, u.a. Weinsäure, Apfelsäure, Zitronensäure, Aminosäure, Milchsäuren und Essigsäure. Aus der Verbindung dieser Säuren mit dem Alkohol entsteht das Bukett, das man auch als Wohlgeruch oder Blume des Weins bezeichnet.

Da die Nase sehr viel empfindlicher ist als die Geschmacksnerven im Mund, ist das Bukett eines Weins wichtiger als sein Geschmack. Berufsmäßige Weinprüfer beurteilen bei der Qualitätsprüfung und Einstufung des Weins seine Blume, indem sie das Glas zwischen ihren Händen erwärmen und so die flüchtigen Bukettstoffe freisetzen.

4. Woche - 7. Übungstag

Planungsbogen für den Tag Datum:

Vormittag:

Nachmittag:

Abend:

Mein besonderes Tagesziel:

Phase III:
Merk-Zettel - Fragen zum Vortag

Wissenswertes

* Wieviel Liter Wasser verbraucht ein Österreicher durchschnittlich?

* Wodurch kann der Wasserbedarf großer Städte gedeckt werden?

* Welchen Vorteil bietet die Nutzung von Grundwasser?

* Beschreiben Sie kurz die Reinigungsschritte der Trinkwasseraufbereitung!

4. Woche - 7. Übungstag

Zum Tagesplan des Vortages

Haben Sie gestern Ihren Tagesplan eingehalten? Schreiben Sie hier bitte auf, was Sie gestern erledigt haben.

Vormittag:

Nachmittag:

Abend:

Mein besonderes Tagesziel war:

Phase IV: Denk - Mal

Knobelaufgaben

Spiel 24

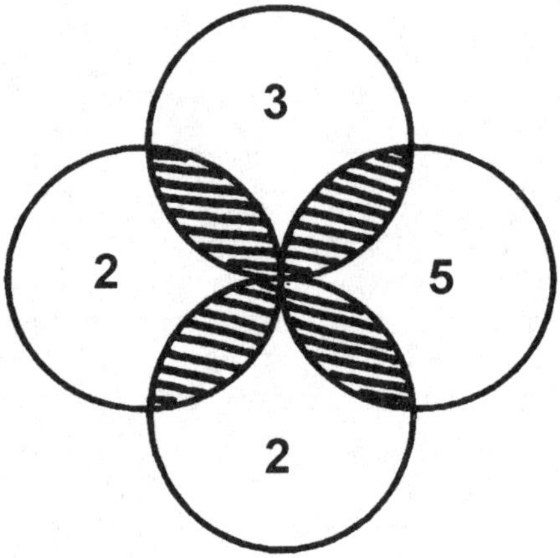

Die Seerosen
Es gibt eine stark wuchernde japanische Seerosenart, die jeden Tag die Fläche verdoppelt, mit der sie einen See bedeckt. Am ersten Tag bedeckt sie beispielsweise einen Quadratmeter, am zweiten Tag zwei, am dritten Tag vier, am vierten Tag acht usw.
Man hat ausgerechnet, daß ein See von der Größe des Bodensees in genau einhundert Tagen ganz zugewuchert wäre.
Nach wie vielen Tagen wäre der See zur Hälfte zugewuchert?

4. Woche - 7. Übungstag

Tip des Tages

Märchen lesen
Erinnern Sie sich, wie schön es ist, ein Märchen erzählt oder vorgelesen zu bekommen. Es gibt 1001 schöne Märchen und bestimmt kennen Sie noch nicht alle. Sie erzählen aus alten Tagen, von fremden Ländern und seltsamen Menschen. Und obwohl Märchen so phantastisch anmutende Situationen beschreiben, enthalten sie doch alle ein Fünkchen Wahrheit wie wir sie in unserm Leben wiederfinden können.
Dank Ihres Gehirn-Joggings sind Sie ja nun auch in der Lage, sich die eine oder andere schöne Geschichte zu merken und an einem gemütlichen Abend mit eigener Phantasie ausgeschmückt zu erzählen. Sie werden sehen, nicht nur die Kinder werden gebannt an Ihren Lippen hängen.

Lern-Strategie

Bestimmt haben Sie bei der Übung zur Informationsspeicherung bemerkt, daß Sie sich die Vögel am besten haben merken können.
Ihr Verstand hat sie wahrscheinlich automatisch zu einer Gruppe zusammengefaßt. Da uns das Einprägen völlig zusammenhangloser Daten außerordentlich schwer fällt, sollten wir stets versuchen, irgendein Ordnungsschema aufzustellen oder logische Verbindungen zu schaffen.

Phase IV: Lösungen und Denk - Netz

Lösungen der Knobelaufgaben

Hier ist die Lösung:

Spiel 24

3 - 2 - 5 - 2
5 x **2** = 10
10 - **2** = 8
8 x **3** = 24

Die Seerosen
Wenn sich die zugewucherte Fläche von Tag zu Tag verdoppelt, und der See am 100. Tag ganz zugewuchert sein würde, dann muß am Tag vorher die Hälfte des Sees bedeckt gewesen sein. Er wäre also am 99. Tag halb zugewuchert gewesen.

Kür-Phase V: Kopf-Kino

Führen Sie im Laufe des Tages Ihr Kopf-Kino-Programm durch, immer dann, wenn Sie Zeit und Lust dazu haben.

Liebe Gehirn-JoggerInnen,
hier eine Auswahl geeigneter Spiele für Gehirn-Jogger zum Training des Gedächtnisses, der Wahrnehmung und der Feinmotorik.

1. **Das Boggle-Spiel** (E + P)*
   Ein interessantes Spiel mit Buchstabenwürfel zum Suchen vieler Wörter.
2. **Spiel 24** (E + P + Gr)
   Ein raffiniertes Rechen-Knobel-Spiel
3. **Flic Flac** (E + P + Gr)
   Ein einfaches, spannendes Rechenspiel
4. **Magico** (E)
   Ein anspruchsvolles Rechen- und Strategiespiel
5. **Worttüftel** (E + P + Gr)
   Der Würfelroller zeigt immer neue Buchstaben
   Wer findet die meisten Wörter?
6. **Magimixer** (E + P + Gr)
   Der Würfelroller zeigt immer neue Ziffern an
   Wer findet das geforderte Ergebnis?
7. **Vier gewinnt** (P)
   Das beliebte Strategiespiel, aber aus Holz
8. **Super 4** (P)
   Noch attraktiver als „Vier gewinnt", weil das Gedächtnis trainiert wird
9. **Nikitin-Material** (E + P)
   Fünf aufeinander abgestimmte „Aufbauende Spiele" für Konzentration, Ausdauer, für Raum- Lage-Orientierung, für Phantasie und Kreativität
10. **Fingertip** (E)
    Ein Geschicklichkeitsspiel, das die Konzentration fordert
11. **Magnetic-Balance** (E)
    Ein Geschicklichkeitsspiel mit Magnetkugeln
12. **Der Zoo von Tarambuco** (P + Gr)
    Ein besonderes Figuren-Memory, das Jung und Alt am besten zusammen spielen
13. **Das Super-Gedächtnis-Spiel** (P)
    Ein optisch attraktives, künstlerisch gestaltetes Memory
14. **Augen auf** (E + P)
    Ein Spiel, bei dem man von Teilen auf das Ganze schließt und die visuelle Wahrnehmung trainiert

15. **Der Nasenbär** (E)
Ein lustiges und raffiniertes Legespiel
16. **Vertellekes** (P + Gr)
Ein vielseitiges Denk- und Erinnerungsspiel für ältere MitbürgerInnen
17. **Mühle und Dame** (P)
Zwei große magnetische Gesellschaftsspiele
18. **Malefiz und Halma** (P + Gr)
Zwei große magnetische Gesellschaftsspiele
19. **Mensch verflixt** (P + Gr)
Ein großes, magnetisches Mensch-ärgere-Dich-nicht
20. **Der Twist-Ball** (E)
Ein Ball für gymnastische Übungen, der nicht wegrollt
21. **Wobbler** (E)
Ein Balance-Spiel für das körperliche Gleichgewicht

Für den Therapie-Bereich:

22. **Die Leserolle** (E)
Systematisch werden Wörter aufgebaut im Handumdrehn
23. **Pyramidenspiel** (E + P + Gr)
Einfache Wort-Satz- und Rechenspiele
24. **Paletti** (E + P)
Ein Spiel mit Selbstkontrolle für Mathe, Sprache und Fremdsprachen
25. **„Onkel Otto plätschert lustig in der Badewanne"**
Ein lustiges Satzbauspiel (P + Gr)
26. **Der Klangkorb** (Gr)
21 Klang- und Naturrhythmikinstrumente aus der 3. Welt. Verschiedene Instrumente ergänzen sich zu einem klangvollen Erlebnis und fordern Spiel und Bewegung heraus.

E - Einzel-, P - Partner-, Gr - Gruppenspiele